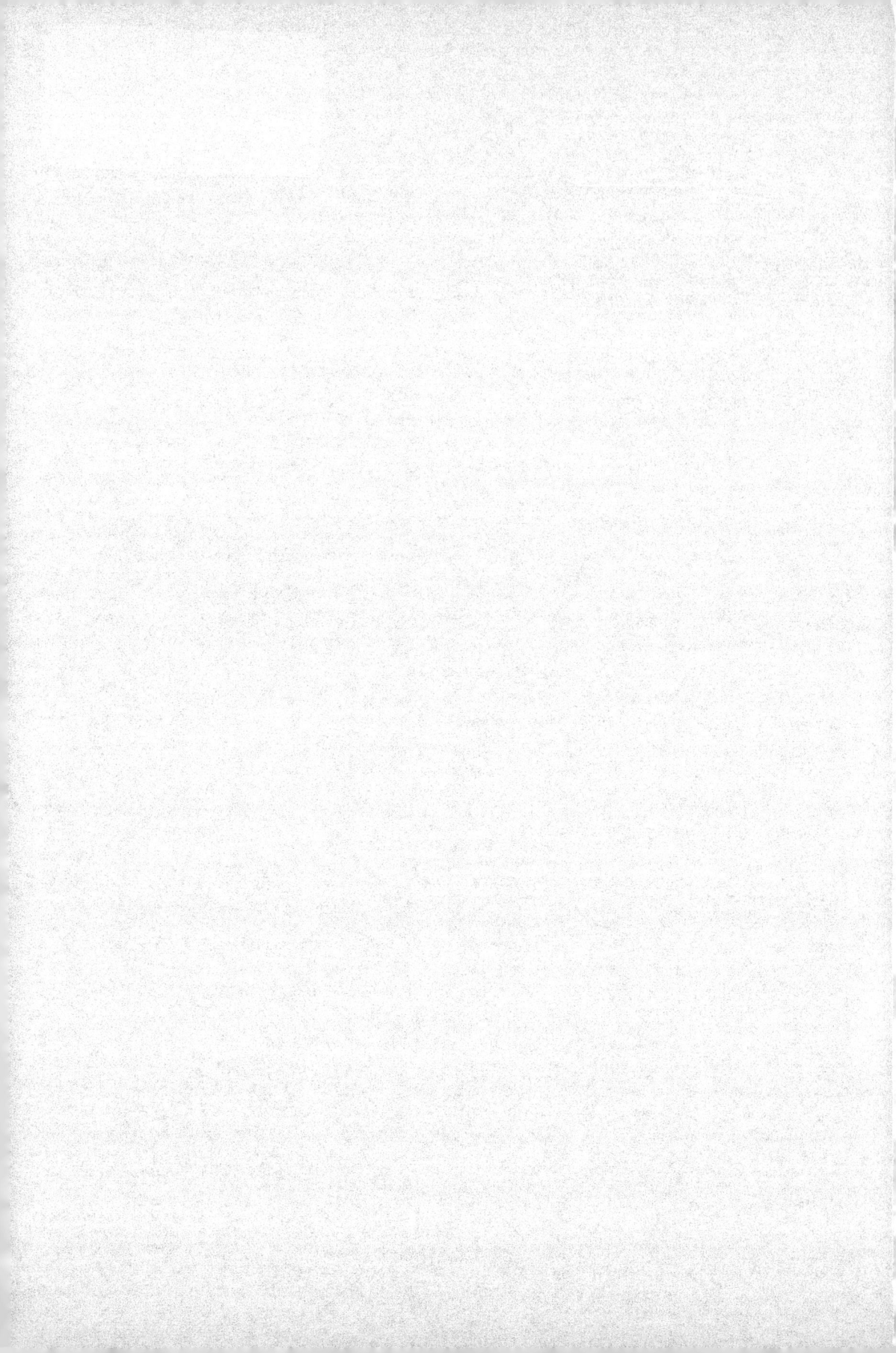

THE MAGIC OF
THINKING BIG

大思想的神奇

[美] 大卫·舒尔茨　David Joseph Schwartz

郑晓梅 孔难难 译

中国青年出版社

图书在版编目（CIP）数据

大思想的神奇：一部已经被证实让所有人短时间提升的传奇经典 /（美）舒尔茨著；
郑晓梅，孔难难译 . —北京：中国青年出版社，2016.8

书名原文：The Magic of Thinking Big

ISBN 978-7-5153-4122-4

Ⅰ .①大… Ⅱ .①舒… ②郑… ③孔… Ⅲ .①成功心理—通俗读物 Ⅳ .① B848.4-49

中国版本图书馆 CIP 数据核字（2016）第 057163 号

大思想的神奇：
一部已经被证实让所有人短时间提升的传奇经典

作　　者：［美］大卫·舒尔茨

译　　者：郑晓梅　孔难难

责任编辑：周　红

美术编辑：张燕楠

出　　版：中国青年出版社

发　　行：北京中青文文化传媒有限公司

电　　话：010-65511272 / 65516873

公司网址：www.cyb.com.cn

购书网址：zqwts.tmall.com

印　　刷：大厂回族自治县益利印刷有限公司

版　　次：2016年8月第1版

印　　次：2025年6月第12次印刷

开　　本：787mm×1092mm　　1/16

字　　数：150千字

印　　张：19.5

京权图字：01-2015-5363

书　　号：ISBN 978-7-5153-4122-4

定　　价：49.00元

谨以此书献给我的儿子大卫

我的儿子叫大卫。6岁的时候,他刚读完了幼儿园,就开始觉得自己孔武有力,已经是个大人了。我问他长大后想做什么,大卫认真地看着我,过了一会儿,他回答说:"爸爸,我想做个教授。"

我又问:"想做教授啊?那要教什么呢?"

他回答道:"嗯,爸爸,我想做个教快乐的教授。"

"教快乐的教授!好奇妙的理想啊!难道不是吗?!"

谨以此书献给当年那个有远大目标的小男孩——大卫,以及他的妈妈。

The MAGIC
of Thinking Big

目 录

The MAGIC
of Thinking Big

自 序

我为什么要写这么厚的一本书呢？为什么我要全面讨论"大思想的神奇"呢？光是今年，出版的书就有成千上万本，何必再多这么一本呢？

请允许我先简单介绍一下我写这本书的背景。

几年前，我曾参加过一次销售大会，留给我的印象非常深刻。该公司负责销售的副总裁就在现场。他有话要对大家讲，而且看起来非常激动。还有一位客户代表和他一起站在台上。这位客户代表名叫哈里，看起来相貌平平，但是就是他，在刚刚结束的一年里，业绩直逼6万美元，将其他客户代表远远甩在后面（其他客户代表的业绩平均下来才一万两千美元）。

这位副总裁不断质问参会的下属们。在这儿，我引用他的原话："你们好好看看哈里！看看他！哈里有什么出众之处吗？哈里的年收入是你们的五倍。难道他的智商也是你们的五倍吗？应该不是。人力测试的结果可不是这么说的。是的，我确实查过记录。与部门其他人相比，哈里不过是处于平均水平而已。

那么，哈里付出了五倍的努力吗？也不是。其实，从人力资源部的报表记录来看，哈里比大部分人休的假都多。

那么，是哈里分到的销售区域更有优势吗？对于这个问题，我不得不说，答案依然是否定的。各个销售区域都差不多。那么，是哈里受到了更好的教育？是他更健康吗？都不是。哈里和普通人没什么两样，当然，有一点除外。"

这位副总裁接着说道："哈里和你们的区别，就在于哈里的思考格局是你们的五倍大！"

然后，这位副总裁继续给手下们解释：一个人能否成功，并不在于这个人有没有头脑，而在于这个人格局的大小。

这个观点非常有趣，一直萦绕在我脑海中，让我久久不能忘怀。我对社会的观察越深入，交往的人越多，越深入探究成功背后的原因，问题的答案就越清楚。一个又一个的例子证明：一个人财富的多寡，幸福指数的高低，生活满意与否，都取决于这个人格局的大小。大思想确实具有神奇的力量。

人们总问我："既然大思想这么厉害，那为什么人们不都这么尝试呢？"我觉得原因就在于我们身处的环境。可能我们自己都没意识到，我们每个人都是周围环境的产物，而我们身边的人们往往思想狭隘，缺乏那样的思维广度。所以，你身边的人其实都在拉你的后腿，都想把你拖住，把你困在"二流社会"，不让你出人头地。人们总说："指挥的多，干活的少"。这种话不绝于耳。换句话说，就是：你想向上爬吗？别痴心妄想了。领导的位置都占满了，你就知足吧。安安心心做你的小人物吧！——我们就身处这样的环境中。

其实，这种说法与事实不符。我听很多领袖人物说过"现在的问题是，兵多将少。"各行各业，无一例外。

"江湖"险恶。这样的环境还会向你发出其他一些负面信息。"顺其自然吧"，命运天注定，不是你我所能掌控的。别做梦了！别痴心妄想了！什么漂亮房子，什么孩子们上好大学，什么更好的生活，都忘了吧！别想了！就听天由命吧，抗争是没有用的！

"成功的代价太大，不值得！"谁没有听过这样的说法？！好像要想登上成功的顶峰，就必须出卖灵魂，出卖家人，出卖人生观和价值观才成。其实不是这样的！成功不需要付出任何代价，相反，每前进一步，你都会有收获。

身边的人肯定还会劝你说：在人生舞台上，位高则权重，人人垂涎，竞争必定异常激烈。果真如此吗？我听一位负责招聘的人事经理说过：**一般来说，年薪1万美元和年薪5万美元的两份工作相比，前者的申请人数是后者的50倍到250倍。也就是说，二流工作比一流工作的竞争至少激烈50倍。在美国，一流的大道不长，而且毫不拥堵。只要你敢想，那里有的是空位。**

大思想的神奇之处并不是空穴来风。本书所阐述的有关大思想的基本原则和观念可以追溯到历史上那些最聪慧、最伟大的思想家们，他们都提出过类似的观点。先知大卫曾说过："他心怎样思量，他为人就是怎样。"艾默生曾说过："伟人就是那些相信思想能够统治世界的人们。"弥尔顿在《失乐园》中写道："心智所在之处，可化天堂为地狱，亦可化地狱为天堂。"还有很多思想家，洞察力敏锐，也有类似的说法。莎士比亚就曾说过："世上的事，本无所谓好坏，只不过是想法不同罢了。"

那么，就算是大师说的话，就能作为证明吗？怎么证明他们说的话就对呢？问题提得很好！还是看看我们身边那些"上帝的宠儿们"吧！他们敢于往大了想，才得以名利双收，快乐幸福。他们就是活生生的例子，从他们身上，我们知道：大思想确实具有神奇的力量。

本书中，我们将教给你们一些简单的步骤。这些绝不是一个人的猜想或臆断，也不是纸上谈兵。这些方法已经经过事实检验，确实在生活中行得通。无论身处天涯海角，只要遵照这些步骤来做，就可以见证大思想的神奇力量。

如果你现在正在读这本书，就证明你渴望取得更大的成功，想得偿所愿，想享受高品质的生活。渴望成功是优秀人物所共有的品质。

此外，你还具有一个优秀品质。如果你现在正在读这本书，就说明你头脑清晰，知道工欲善其事，必先利其器。从汽车、桥梁到导弹，不管制造什么，都离不开合适的工具。现实生活中，有很多人，虽然渴望成功，但却不知借力。而你不同。你一有善其事的渴望，二有利其器的智慧，定会从这本书中有所斩获。

运用大思想思考，你定能更加幸福快乐，功成名就，宾朋满座，德高望重。你的生活定会有更宽广的维度。

说得够多了。

伟大的哲学家迪斯雷利曾经说过：**"生命太过短暂，岂能渺小地度过一生！"** 现在，就跟随我的脚步，出发吧！让你的思想为你创造奇迹吧！

The MAGIC
of Thinking Big

你能从本书中学到什么

在本书的每一章，我们都会提出一些非常实用的观点、技巧和原则，帮助你利用大思想的巨大力量，获得梦寐以求的成功、幸福和满足。而且，每个技巧都有一个个真实的例子来佐证。这样，你不仅能学到该怎么做，而且还能学到如何应用这些原则来解决生活中的现实问题，这一点尤为重要。接下来，我们就告诉你这本书能帮你做什么。这本书能帮你——

第 1 章
- 自信满满地踏上成功的征程
- 凭借对成功的自信，功成名就
- 战胜对自己的怀疑，消除怀疑所产生的负面影响
- 利用大思想来取得巨大的成功
- 积极、正面地思考
- 培养信念的力量
- 制定具体的成功计划

第 2 章
- 拒绝寻找借口，远离这种导致失败的顽疾

- 要进行建设性的自我批评

- 不断尝试，不断坚持，才能有结果

- 永远看到光明的一面，彻底和失望说拜拜

第12章
- 明确自己的生活目标

- 根据这个目标，制定出十年规划

- 避开五只扼杀成功的黑手

- 目标要明确，这样才更有干劲

- 设立目标，不但能够有所成就，而且能益寿延年

- 按照30天改进指南来实现目标

- 给自己投资，未来一定会有回报

第13章
- 学习领导力的四个原则

- 要影响别人，就要站在对方角度来看待问题

- 使用人性化的策略

- 思考如何进步，相信会有进步，努力推动进步

- 挑战自己，认清自己是不是积极进取的思想者

- 花时间独立思考，发掘最大的思维潜力

- 每天花一些时间独处吧

The MAGIC

of Thinking Big

第一章

大思想第一步：坚定成功信念

　　成功是种很美妙的东西。成功会带来很多实际的好处。成功意味着生活富足，有好房子住，可以度假，可以旅行，可以尝试新鲜事物，经济有保障，可以为子女提供最优越的条件；成功意味着功成名就，稳坐高位，人人倾慕，在工作圈有地位，在社会圈为人所景仰。成功意味着无忧无虑，可以生活无忧，远离恐惧、失落与失败；成功意味着自尊，能在生活中不断追求真正的快乐与满足；成功，也意味着你可以为依赖你的人提供更多保障。

　　你若是成功了，那你就是人生的赢家。

　　成功，功成名就，这是每个人追求的生活目标！

　　会有谁不渴望成功？有谁不想活得最精彩？有谁想在庸庸碌碌的生活里挣扎？又有谁心甘情愿低人一等，甘于平庸？

○ 坚定的信念与痴心妄想不同

　　圣经有云：信念坚，山可动。这句话为我们指出了一条最可行的成功之路。

　　那就是信念！只要真心相信"吾可移山"，你就能够做到！真正有如此坚定信念的人凤毛麟角，所以，真正的成功人士屈指可数。

也许你听人说过："光用嘴说一句'大山，走开！'就以为能把山搬走。这根本就是胡说八道。根本就不可能。"

这些人其实是把痴心妄想和坚定信念混为一谈了。毋庸置疑，光靠妄想，你不可能移动大山；光靠妄想，你不可能西装革履，坐上经理位置；光靠妄想，你不可能住进有五间卧室、三个浴室的豪宅；光靠妄想，你不可能跻身高收入阶层；光靠妄想，你也爬不上领导的位子。

但是，坚定的信念与痴心妄想不同。有了坚定的信念，你一定可以移动大山！坚信你能成功，你就能成功——这就是大思想思想的首要内容。

信念的力量，既不高深莫测，亦不玄幻神奇。

其实，信念是一种态度，一种"我相信我能行"的态度。有了信念，就会有成功所需的力量、技巧和动力。如果你相信"我能行"，那么你就能想出解决问题的方法，你就知道该怎么做。

每天，全国各地都有大批年轻人开始新的工作。他们都梦想着"长风破浪会有时"，梦想着某一天，可以登上顶峰，成就伟业。可是，实际上大部分年轻人都没能实现自己的凌云壮志，原因就在于他们没有勇攀高峰的坚定信念。他们总觉得晋升无望，根本就找不到向上攀登的阶梯。所以，他们采取的行动也平庸得很。

相反，有一些年轻人就坚信自己终将成功。他们意志坚定，相信一切皆有可能，坚信自己一定能迈上人生的巅峰。所以，秉持这种态度，他们在工作中留心观察、研究高层管理者们的行为，向成功人士学习如何解决问题，如何做出决策，模仿他们的生活态度。最终，这些年轻人获得了成功。

有了坚定的信念，就一定能够想出成功的办法。

两年前，我认识的一位女士准备设立一个经销点，销售房车。当时有很多人劝她别冒险，说她肯定做不成。

当时她的存款不足3000美元，别人告诉她，就算投资再多一点儿，也还差好几十倍呢。

人们劝她："你看看这一行的竞争有多激烈！再说了，你根本就没有推销房车的经验！经营就更别提了！"

可是，这位年轻女士不为所动，对自己的能力很有信心。她坦然承认自己缺乏资金，也没有经验，行业竞争也确实很激烈。

"可是，"她说，"我做过详细的市场调查，所有证据都显示，这个行业正处于上升期，前景广阔。更重要的是，我很清楚我自己的竞争力。全城上下，再没有谁比我更擅长经销房车了。我知道我肯定会犯这样那样的错误，但不久的将来，我肯定能做到最好。"

她确实做到了！融资几乎没有遇到什么困难。她坚定的信念，打动了两位投资人。也正因为她浑身上下所洋溢着的自信，她竟然做到了一件不可能做到的事情！她竟然说服一家生产商，不用支付任何预付款，就可以赊给她一些货。

去年，她的房车营销额高达100万美元。

"明年，"她说，"我要争取销售额突破200万美元！"

只要有信念，异常坚定的信念，人们就会开动脑筋，想办法，找途径。自信也会赢得他人的信任。

许多人不相信信念的力量。但是，美国的成功人士们都对其深信不疑。我有个朋友，在美国中西部某个州政府下属的高速公路管理部门工作。几周前，他给我讲了一个"愚公移山"的故事。

"事情是这样的，"我朋友说道，"当时我们要修一条高速公路，总共要建八座桥。我们部门受委托选择一家公司来设计桥体。八座桥总造价是500万美元，中选的设计公司可以拿到4%的佣金，也就是20万美元。上个月，我们给许多工程公司群发了一封函件。

我先后和21家公司进行了沟通。规模最大的那4家公司当即决定提交设计方案。其他17家公司的规模都比较小，每家只有3到7位工程师。其中有16家公司研究了一下项目，摇了摇头，意思好像是说：'这个项目的规模太大了，我们真心想接，但实在害怕力不从心。还是不试了，试了也白试。'就这样，这16家公司都被吓跑了。

最后的那家小公司，只有3个工程师。他们仔细研究了一下，对我说：'我们能行！我们会提交设计稿的！'就这样，这家小公司提交了设计方案，最终还成功中标。"

相信自己能够移动大山，就一定能够做得。但如果不相信，就肯定做不到。信念可以赋予人力量。

事实上，在现代社会，信念的力量不只在于其可以移山造田。人类之所以能够探索太空，其最根本的原因（或者说其根本原因）就在于人类坚信可以征服太空。如果科学家不相信人类可以在太空翱翔，那么，他们就不可能有征服太空的勇气、兴趣与热情。只要坚信有治愈癌症的良方，癌症终有一天将被攻克。时下（1959年），人们正在讨论修建一条横贯英吉利海峡的海底隧道，将英格兰和美国连通起来。隧道最终能不能建成，完全取决于那些有决定权的人是否相信可以建成这样一条隧道。

那些伟大的书籍、剧本、科学发明之所以能够问世，对成功的坚定信念是其背后的驱动力。不管是企业、教会，还是政治组织，其之所以成功，就是因为有必胜的信心。成功的信念绝对是成功人士最基本、最根本的品质。

所以，大思想第一步——放大你的信念。

○ 不断提醒自己，你比自己想象的要优秀

多年来，我和形形色色的失败者交谈过，他们有的是在商场失利，有的是在其他领域败北，这些失败者们总会为自己找各种各样的借口和理由。我慢慢地发现了一条重要的规律。那些失败者总会随随便便地就说："说实话，我本来就觉得肯定不行"，"其实还没开始的时候，我就有所顾虑"，"实际上，事情没成，我一点都不觉得奇怪"。

这种"好吧，我试试看，但我觉得肯定不行"的态度就是导致他们失败的原因。

怀疑是种消极的力量。如果人们不相信自己，或者有所怀疑，那么就会想出一些借口来支持自己的怀疑。大多数情况下，怀疑、不相信，也就是潜意识里不想成功，或并不那么想要成功，是导致失败的真正原因。

想着怀疑，就会失败。

想着胜利，就会成功。

最近，有一位年轻的小说家来找我，和我探讨写作问题。谈话中，我们提到了一位著名作家的名字。

"哦，"她说，"那位作家的作品实在是太了不起了！我永远也不可能赶得上他的水平！"

她的态度让我大失所望。我认识她提到的那位作家，他既不是聪明绝顶，也没有超常的洞察力。说实话，除了超级自信，他在其他方面并不突出。

他相信自己是最优秀的，所以，举手投足，一举一动，他都按照最优秀的作家标准来做。

尊重领袖人物固然在情理之中，我们应该仔细观察、研究，向他们学习，但是，一定不要崇拜他们。要相信你可以超越他们，你可以做得更好。如果你一心只想着退而求其次，那最终也只能低人一等。

我们可以这样来看这个问题。信念好比是自动调温器，可以调节一个人一生成就的高低。研究一下那些越来越平庸的人们，我们会发现，他认为自己没什么价值，所以他没取得什么成就。他觉得自己做不了大事，所以他一事无成。他觉得自己微不足道，所以不管做什么事情都无足挂齿。久而久之，不管是说话、走路，还是做事，他的一举一动都能看出他的不自信。除非他把调温器重新调节一下，否则他会变得越来越渺小，自我评价越来越低。我们怎么看待自己，别人也会怎么看待我们。所以，在别人眼中，他也越来越渺小。

现在，我们回过头，看看那些不断进步的人们。他们相信自己有价值，所以能够取得巨大的成功。他相信自己能做大事，能处理艰巨的任务，他真的就做到了！他做的每一件事，他与人交往的方式，他的性格、思想和观点，处处表明"这是个专业人士，这是个重要人物。"

人是思维的产物。请相信你将取得巨大的成就吧！请将属于你的温度调节器调到理想状态吧！打心底真诚地相信你会成功吧！然后，发起攻势吧！有了强大的信念，自然会产生更显著的成果。

几年前，我在底特律为商界人士做过一次演讲。演讲结束后，一位听众很绅士地走到我身边，先做了一下自我介绍，然后说："我很欣赏您的演讲。您有时间吗？我很想和您分享一下我自己的经历。"

几分钟之后，我们就舒舒服服地坐在咖啡店里，等着上茶点。

他说："我自己的经历和您今天所讲的情况非常吻合。一点没错，我们的思想必须为我们服务，而不该成为绊脚石。我还从来没有告诉过别人我是怎么摆脱平庸的，但是很愿意和您分享一下。"

我说："洗耳恭听。"

"五年前，我在一家模具厂工作，过着普通人的生活，每天循规蹈矩，辛辛苦苦地工作。我的生活不算差，算是中等水平吧。但是，离我理想中的状态还有十万八千里。住的房子太小，想买很多东西，但都买不起。我太太（感谢上帝眷顾）并没有抱怨，但是，我能看得出来，她并不快乐，只不过是认命罢了。在内心深处，我越来越不满足。我打心里觉得很难过，我觉得我辜负了我太太和两个孩子了。而现在，一切都不同了。"这位朋友继续说道，"如今我们住进了新房子，房子占地面积两英亩，周围的风景很优美。而且，在从这往北几百英里的地方，我们还买了间小别墅。我们再也不用担心没钱送孩子们上好大学，我太太买了新衣服也不必再有负罪感。明年夏天，我们全家会飞到欧洲享受一个月的假期。现在，我们才真正开始享受生活哪！"

"这一切是怎么发生的呢？"我问道。

他继续说道："用您今天晚上的话来讲，就是改变源于信念。五年前，底特律有家模具厂在招聘。当时，我们还住在克利夫兰，我想多赚点钱，所以就跑到底特律来试试。面试安排在了周一，我周日晚上就到了。

吃过晚饭后，我坐在宾馆房间里。也不知道是为什么，当时我非常厌恶自己。我问自己'为什么呢？为什么我只能做个失败的中产阶级呢？即使换了这个工作又如何？！这个工作和以前不过是半斤八两，没什么大区别。'

鬼使神差地，我就拿出宾馆的一张纸，在上面写下了五个熟人的名字。我认识他们很多年了，他们都比我成功，职位更高，赚得也更多。其中两个是我以前的邻居（现在他们已经搬到高档小区去了），两个是我以前的老板，还有一个是我的连襟。

接下来，我开始扪心自问（我到现在也不明白当时为什么会那么做）：'他们哪些方面比我强呢（当然，更好的工作除外）？'我比较了一下我们的智商，说实话，我实在看不出他们有什么优势。在教育背景、人格人品、个人习惯等方面，我们也不分伯仲。

最后，我想到了人们常提起的另一个成功特性——进取心。我不得不承认（虽然我不愿意承认），在这一点上，我和他们差得太远了！

当时已经凌晨三点了，但我还非常清醒。这是我第一次真正发现自己的劣势所在。原来，一直以来，我都畏畏缩缩，不敢前进。经过更加深入的剖析，我发现：自己之所以缺乏进取心，是因为在内心深处，我觉得自己微不足道，没有太大价值。

整个晚上我都坐在那里反省自己。从记事起，我就一直没有自信。我一味地自责'我为什么不行'，却从不问'我为什么行'。这种思想一直就是我前进的拦路虎。我发现，一直以来我都在贬低自己，从我的言谈举止中就能看出来。我突然明白'如果我对自己都没有信心，那别人怎么可能相信我呢？'

从那时起，我就下定了决心：'我再也不想做二等公民了！从现在开始，我再也不能低估自己的能力了！'

第二天早上，我依然信心满满。在面试的时候，我刚刚找回的自信就派上了大用场。在来之前，我本来想，要是能比现在多赚上750美元，或者更好点，多赚上1000美元就不错了。但是现在，我已经认识到了自己的价值。所以，我就开口多要了3500美元。我成功了！经过一晚上的深刻剖析，我发现了自己的价值，所以，我成功地把自己推销出去了。

换工作后不到两年时间，我就在行业内小有名气，大家都知道我拉生意签单子有一手。后来，虽然经济低迷，行业不景气，但因为我是行业能手，所以我反倒更值钱了。公司重组后，不仅给我大幅涨薪，而且还分给我相当大的一笔股份。"

相信自己，幸运女神就会青睐你。

○ 大声说出你的决心

大脑就像是个思想工厂，业务非常繁忙，每天生产不计其数的想法。

工厂里有两位负责生产的工头。一位我们称之为胜利先生，另一位是失败先生。胜利先生负责生产那些积极的想法，比如，你为什么可以，你为什么有资格，你为什么能做到。

而另一位工头失败先生则是生产消极、否定思想的专家，也就是那些"你为什么注定会失败"的想法。比如，你为什么不可以，为什么你没有资格，为什么你很软弱。

两位工头都很听话，大脑只需要发出一个微弱的信号，这两位工头就会召之即来，唯命是从。如果发出的是积极的信号，胜利先生就会走上前来，开始工作。如果信号是消极的，失败先生就粉墨登场了。

现在我们就举个例子，看看这两位工头是怎么工作的。如果我们说"今天太糟糕了！"收到这个信号后，失败先生立马开始行动，找一些事实来证明你是对的。比如，他会让你注意到，天气不是太冷就是太热，今天生意也不好，销量会减少，其他人也烦躁不安，你可能会得病，太太的脾气也不好。失败先生的效率奇高，不大一会儿，你自己就被说服了。今天确实是太糟糕了！不知不觉中，今天真就成了再糟糕不过的一天了！

相反，如果告诉自己"今天不错。"胜利先生收到信号后，就开始行动。他会不断提醒你："今天真是不错，天气很怡人。活着真好。今天还能赶着做完一些工作。"果真，今天确实不错。

同样的道理，失败先生会说：史密斯先生，没人会要你。但胜利先生会说：史密斯先生，你一定可以把自己推销出去。失败先生会说出种种理由，让你觉得你肯定会失败，胜利先生却向你证明你定能成功。失败先生煞有介事地列举种种事实，让你觉得自己讨厌汤姆，但胜利先生会给出很多理由，让你觉得自己喜欢汤姆。

而且，你越器重哪位先生，越给他分配工作，他就越强势。如果失败先生受器重，那他就会增加人手，扩张地盘。最终，失败先生将控制思想生产。那样的话，所有想法都很消极了。

所以，炒了失败先生的鱿鱼吧！这才是明智之举！你不需要失败先生，你不需要他缠着你，在你耳边喋喋不休，说什么"你不行"，"你还没有准备好"，"你一定会失败"的话。想实现梦想吗？失败先生成事不足败事有余！所以，还是尽快摆脱他吧！

还是指挥胜利先生吧！请给予他100%的信任。不管想到什么想法，让胜利先生为你办吧。他会告诉你该如何一步步走向成功。

每一天，都会有11 500个消费者涌入美国。

人口增长的速度实在是太惊人了！据保守估计，在未来十年，美国人口将激增3500万，相当于纽约、芝加哥、洛杉矶、底特律和费城这五个美国大都市目前人口的总和。想象一下吧！

届时，新产业、新发明将如雨后春笋破土而出，市场将不断扩张，带来无限商机。多么好的消息呀！那将是最美好的时代！

所有的迹象都表明，届时各行业都将亟需各类高层次人才。这些人能力超群，对他人有影响力，领导力强，且有服务意识。这些高层次人才现在已经成人，或者即将成人。你也可以成为其中的一员。

当然，并不是说经济繁荣，个人就一定会成功。长期来看，美国经济持续增长，但是放眼望去，大多数人依然为了生活苦苦挣扎，数量高达成百上千万，他们都算不上是真正的成功人士。尽管过去20年来，遍地都是机会，但大多数人仍然在平庸中沉浮。未来，虽然经济将蓬勃发展，但大多数人依然会深陷焦虑、担心、自卑中，缺乏存在感，挣扎度日，不能真正实现自己的梦想。最终，他们必须靠微薄的收入苟且偷生，幸福感极低。

只有明智的人，才会努力学习，将思想转变为致胜的武器，最终抓住机会，获得回报。（我相信你就是其中一员。要不然，你听天由命就行了，何必要读这本书呢？）

勇敢地迈出这一步吧！成功之门已然洞开！既然你已经下定决心，要成为精英中的一员，要享受美好的生活，那就大声说出你的决心吧！

相信自己，相信自己能够成功。这是通往成功的第一步，也是最基本的一步，谁都绕不过去。

○ 培养信念的力量练习

如何培养并不断强化信念的力量呢？下面给出了三条指导方针。

1. **只考虑成功，不考虑失败**。不管是在工作中还是生活中，只考虑成功，不要考虑失败。在面对困难时，要想着"我能赢！"，不要想着"我可能失败……"。在参加竞争时，要想着"我是最好的！"，不要想着"我不如别人……"。当机会来临时，要想着"我可以的！"，不要想着"我不能……"。要让"我能够成功"的想法主导你的思想。想着成功，你的大脑就能想出具体的成功计划。而失败思维则正好相反，会引发其他导致失败的想法。

2. **要不断提醒自己，你比自己想象的要优秀**！成功人士并不是超人，也不是天才。成功并无任何神奇之处，也不是靠运气。成功人士也是些普通人。只不过，他们相信自己，相信自己的选择。永远不要小看自己！真的，永远都不要小看自己！

3. **要坚信自己可以实现远大的目标**。一个人能够取得多大的成功，取决于其目标是否远大。只盯着一些小目标，自然只能成就平平。如果树立远大的目标，就会取得巨大的成功。一定要记住这一点！与那些渺小的想法和方案相比，宏伟的想法和方案通常更容易实现。

在一次领导力研讨会上，通用电气公司前董事长拉尔夫·科迪诺先生曾说道："不管在什么样的组织中，每一位渴望升任领导地位的人，都要下定决心来提升自己的能力，这样不光是对个人有好处，对公司也有好处。谁也不能命令别人进步。一个人究竟是落后，还是进步，完全是个人选择。自我提升需要投入大量的时间和精力，甚至还需要做出一定的牺牲。没人能够代替。"

科迪诺先生说得没错，他的建议非常实用。在生活中应用吧！不管是企业管理、销售、工程、写作、演艺，还是在教会，人们之所以能够攀登事业的顶峰，无一不是因为他们制定了自我发展和成长的计划，而且不间断地认真执行。

所有培训项目（这本书其实也是一个培训项目）必须包含三个要素。一是要有内容，也就是要做些什么；二是要提供方法，也就是要怎么做；三是必须经受严格的检验，也就是说，要有效果。

"做什么"是指成功人士会采取怎样的态度和技巧。他们如何管理自己？他们如何克服障碍？他们如何赢得他人的尊重？他们与普通人有何不同之处？他们如何思考？

在个人发展和成长计划中，"如何做"是指一系列具体的行动指南，在本书每章中都会提出。这些指南非常管用。在生活中应用吧！你一定会有收获。

那么，培训最重要的部分——成效是指什么呢？概括来说，如果你能一步一步地认真按照本书所介绍的步骤来做，那你一定可以取得现在看似遥不可及的成功。具体来说，家人会更加尊重你，朋友和同事会倾慕你，你的收入将增加，生活品质将大幅提高。而且，你对自己更为认可，也会获得一定的身份和社会地位。

没有人会站在你旁边，告诉你该做什么，该怎么做。只能靠你自己！这本书可以给你一些指导，但只有你才最了解自己，才能督促自己坚持训练，并随时进行进展评估。一旦发现偏离轨道，只有你自己才能随时进行纠正。总之，你就是自己的培训师，只有你，才能帮助自己越来越成功。

另外，你早已拥有一间设备齐全的实验室了。实验室就在你的身边，就是你身边的芸芸众生，他们提供了各种各样的行为样本。只要你把自己当成是这个实验室的科学家，从中学到的东西将不可限量。而且，你也不需要添置任何东西，不需要付房租，实验室也不会产生任何费用。总之，实验室完全免费，没有任何限制。

作为这个实验室的主人，你要像其他科学家一样，观察并实验。

我们每个人身边都有形形色色的群体，但大多数人并不理解人类为何有如此丰富的行为模式。你难道不觉得奇怪吗？这是因为，大多数人都没有训练有素的观察力。本书的重要目标之一就是要训练你的观察力，培养你对人类各种行为的深刻洞察力。看过本书后，你的思考格局将大大不一样，你会开始思考："为什么约翰这么成功，而汤姆却过得马马虎虎呢？""为什么有的人朋友多，有的人朋友少呢？""为什么同样的建议，有的人提出来，别人就欣然接受，而另外一些人提出来，人们却毫不理会呢？"

进行培训后，只需进行简单的观察，你就会从中得到非常宝贵的经验。

如何使自己成为训练有素的观察者呢？可以按照下面这两个建议来做。一是在你认识的人中，找一个最成功的和一个最不成功的，作为研究对象。然后，一边读这本书，一边仔细观察那位成功人士有没有遵循本书中的成功原则。同时，通过研究这两个极端的例子，你就知道：这本书讲的都是真理，照着做吧！绝对错不了！

每次和别人接触，你都可以借机检验这些成功法则。最终目标是要让成功的行动变成一种习惯。我们练习得越多，采取正确的行为就越能成为我们的第二天性。

大多数人身边都会有喜欢种植的朋友。我们经常听到他们说："这些花草又长高了，我觉得特别激动！你看！浇上水，施上肥，它们长得多快！你看！它们比上个礼拜长了好多！"

的确，人和自然和谐共生确实让人激动！然而，如果你能监督自己进行思维训练，那么你将取得巨大的进步。两者相比，简直是小巫见大巫了。在日渐成熟、日益成功的过程中，你将感受到无比的快乐。人生在世，最大的满足莫过于知道自己正走向成功。当然，在通往成功的大路上，如何将潜能发挥到极致将是最大的挑战。

快速小结

如何培养并不断强化信念的力量呢？下面给出了三条指导方针。

1. 只考虑成功，不考虑失败。

2. 要不断提醒自己，你比自己想象的要优秀！

3. 要坚信自己可以实现远大的目标。

The MAGIC
of Thinking Big

第二章

治愈你的"借口症"

　　要思考如何成功，人类是必不可少的研究对象。你需要仔细研究人类，才能发现成功的法则，并在生活中运用。从现在就开始吧！

　　只要深入研究，你就会发现：不成功的人往往饱受一种致命的思想顽疾的折磨。我们称之为"借口症"。一旦"借口症"病入膏肓，就注定会要遭受这样那样的失败。"普通"人或多或少都患有"借口症"，只不过是症状较轻罢了。

　　你会发现：有的人能跋鳌千里，而有的人却连脚跟也站不稳，区别就在于他们是否罹患"借口症"。你会发现：越成功的人，越不会为自己找借口。

　　相反，那些原地踏步、没有目标、没有规划的人成就平平，却很善于为自己辩护。"我之前没能成功，是因为……。我现在没能成功，是因为……。未来我也成功不了，是因为……。我成功不了，是因为……。"借口总有一箩筐。

　　研究成功者的人生轨迹，你会发现，成功人士本来也可以找这样那样的借口，但他们却没有。

　　每个成功的经理、军官、推销员、专业人士，以及各行各业的领袖，本来都可以找各种借口，作为自己的挡箭牌。但我从来没有见过，也没有听说过这样的例子。罗斯福本可以把失去知觉的双腿当作自己的挡箭牌，楚门本可以把没有受过大学教育当作自己的挡箭牌，肯尼迪本可以把"当总统，我太年轻了！"当作自己的托词，强森和艾森豪威尔本可以把心脏病当作自己的借口。

和其他疾病一样，如果得不到及时治疗，"借口症"就会日益恶化。这种思想顽症患者的逻辑通常是这样的：我本应该做好，可我却没能做好。我可以拿什么借口来挽回我的脸面呢？让我想想。身体不好？缺乏教育？太老？太年轻？运气太差？个人遭遇了不幸？妻子？家庭抚养方式？

一旦找到一个好借口，他就抓住不放了。然后，他就靠这个借口安慰自己，逢人就拿出来，为自己原地踏步开脱。

他每重复一次，这个借口在他的潜意识里扎得根就越深。不管是积极的想法，还是消极的想法，经过不断重复，就会愈加根深蒂固。一开始，他还很清楚：这个借口不过是个谎言，不是真的。但是，重复的次数越多，他就越自欺欺人，越发觉得这个借口是真的，确实是他没能成功的原因。

所以，一个人要成功，第一步就是要远离借口，要对这种失败顽疾具有免疫力。

○ 四种最常见的"借口症"

"借口症"的表现形式很多，但有四种最为严重，分别是：健康"借口症"、智力"借口症"、年龄"借口症"、运气"借口症"。现在，我们分别看看该如何预防这四种病症。

1. 健康"借口症"："可是我身体不舒服啊 。"

健康"借口症"的表现形式很多，从"我总觉得哪不太对劲"这种慢性症状到"我这里那里不舒服"这种具体症状，不一而足。

"我身体不舒服"的表现形式千变万化，但都只是借口而已。为什么想做这件事却迟迟没有动手？为什么没能承担更重大的责任？为什么没能赚更多的钱？为什么没有成功？"我身体不舒服"都被当成了借口。

这种健康"借口症"的患者多达成百上千万。但老实说，大多数情况下，是正当理由吗？不妨静下心来，想想你认识的那些集大成者，他们本来可以把健康不佳当作挡箭牌，但他们却没有那么做。

我的家庭医生和从医的朋友们都对我说过：不管是哪个成年人都不可能百分之百健康。也就是说，每个人的身体都存在这样那样的问题。有些人向健康问题彻底屈服，还有一些人或多或少会以健康为借口，但有成功思维的人却不会。

有一天下午，我遇到了两个人，恰好完美地诠释了人们在健康问题上完全相反的两种态度。其中一位的态度积极健康，而另一位的态度则极其错误。那天，我在克利夫兰做演讲，演讲结束后，有一位年轻人，大约30岁左右，走上前来，想和我单独聊几分钟。他先是对我的演讲大加恭维，接着，他说："不过，恐怕您的观点对我没太大的帮助。"

"您知道吗？"他接着说道，"我的心脏不太好，必须得时刻小心。"他还说，他已经看过四个大夫了，但都查不出毛病在哪。问我有什么建议。

"是这样啊，"我说，"我对心脏病一无所知。可是，既然我们都是外行，我就和你说说我会做哪三件事。第一，我会再找最好的心脏专家看一下，把他的诊断作为最终的结论。反正你已经看过四个大夫了，谁都没找出你的心脏有什么毛病。那么，就以第五个大夫的诊断为准吧！说不定你的心脏根本什么毛病也没有呢。但是，如果你一直这么担心的话，你真的可能得严重的心脏病呢。你不停地找毛病，找毛病，找毛病，最后可能真的会有毛病呢。

第二，我建议你读一下辛德勒博士的著作《如何过好一年的365天》。在书中，辛德勒博士写道，住院的患者中，有3/4得的是情绪感应性疾病（EII），也就是说，他们的病都是由情绪诱发的。想象一下吧！假设人们懂得调节情绪，那么3/4的病人就会立刻痊愈。读读辛德勒博士的著作吧，然后学着管理自己的情绪。

第三，我会下定决心好好活着，直到大限真正到来。"他看起来迷惑不解，我就又给他提了一些建议。这些建议是一位律师朋友在很多年前告诉我的。当时，他得了肺结核，但病情已经控制住了。他明知道自己自此必须严格控制自己的生活习惯，生活将处处受限，但该做的事情他一件也没有落下。他照样给人打官司，家庭生活依然很美满，也照样享受生活。现在他已经78岁了。他一直奉行这样的生活哲学："只要我还在人世，只要我还能呼吸，我就要好好地活着。我不会把生和死搅成一团。为什么要半死不活呢？一个时时为死亡而烦恼的人，根本是在浪费时间，还不如干脆死了呢！"

因为我必须要赶去底特律的飞机，所以，话没说完，只好和他匆匆说再见了。在飞机上，我又遇到了一个人，不过这次经历还蛮愉悦的。飞机起飞的巨大轰鸣声消失后，我听到了滴答滴答的响声，把我吓了一跳。我感觉声音是从邻座身上传过来的，所以，我就瞄了他一眼。

他咧开嘴笑了，说："哦，你听到的不是炸弹，是我的心脏在响。"

看到我目瞪口呆的样子，他向我揭开了谜底。

21天前，他动了一次大手术，心脏内植入了塑料瓣膜。他解释说，滴答声要持续响好几个月，一直要等塑料瓣膜上长出新的细胞组织，声音才会停止。我问他有什么打算。

"哦，"他说，"我有很多宏伟的计划呢。等我回到明尼苏达州，我准备学习法律，我希望有一天能在政府部门工作。大夫们说，这几个月我还不能太劳累，但几个月后，我就又活蹦乱跳了。"

他们两位对待健康问题的方式截然不同。第一位仁兄，还不确定自己有没有病呢，就开始焦虑不安，情绪低落，滑向失败的深渊。他把健康不佳当作自己碌碌无为的借口，逢人就讲。但第二位呢，虽然刚刚做了这么大的手术，但依然很乐观，渴望有所作为。二者的区别就在于他们对于健康问题的态度！

我自己就有过亲身体会。我是个糖尿病患者，目前大约已经接受过5000次皮下注射治疗了。刚知道我得了糖尿病的时候，人们就警告我："得了糖尿病，不过是身体出了一点状况，但是如果你消极低落，成天担心，那才是真正的大麻烦呢！"

自从得了糖尿病之后，我认识了很多糖尿病病友。我说两个极端的例子吧。第一位，糖尿病其实并不严重，但他简直就像个活死人。他特别害怕冷，所以总是裹得鼓鼓囊囊的。他害怕病毒感染，所以，别人只要打个喷嚏，他立马躲得远远的。他害怕会运动过量，所以，基本上什么也不做。他的精力主要花在担心上，老害怕会有可怕的事情发生在自己身上。他像祥林嫂一样，喋喋不休地说他的病如何如何严重，弄得别人都很烦他。他的毛病不在糖尿病上，而在于健康"借口症"。他把自己变成了个自怨自艾的人。

另一位是位大型出版公司的地区经理。他的糖尿病很严重，需要注射的胰岛素大约是上面那位老兄的30倍。但他完全没有被糖尿病束住手脚。他继续享受工作，而且活得很快乐。有一天他对我说："当然了，得了这种病，的确挺不方便的，但是刮胡子不也挺麻烦的吗？！我才不想积忧成疾，卧床不起呢！每次注射胰岛素的时候，我就特别感激发现胰岛素的那些家伙。"

我的好朋友约翰，是个有名的大学老师。1945年，他从欧洲战场上返回美国的时候，断了一只胳膊。尽管身有残疾，但约翰总是笑容满面，而且非常乐于助人。他是我认识的最乐观的人。有一天，说到残疾，我和他聊了很久。

"不过是一只胳膊嘛。"他说，"当然了，两只胳膊肯定比一只胳膊好嘛！不过，好在他们只砍掉了我的一只胳膊，我的精神还是完整的。我真的很感恩。"

我还有一位朋友，也是一只胳膊被截肢了，但他高尔夫球打得特别棒。有一天，我问他："你只有一只胳膊，怎么高尔夫能打得那么好呢？简直完美！"我还提到，很多高尔夫球手虽然双手健全，可远远不如他。他的回答意味深长。他说："根据我的经验，正确的态度和一只手强过错误的态度和两只手。"正确的态度和一只手强过错误的态度和两只手！好好想想吧！除了高尔夫球场，生活中的什么事情不是这样呢？

治疗健康"借口症"的四个处方

要想远离"借口症"，需要服用四服药。

第一副药：不要谈论自己的身体状况。哪怕是普通感冒，你说的越多，病好像就越厉害。对别人说自己生病了就像是给野草施肥。另外，这个习惯也不好，会让你显得太以自我为中心，而且娇里娇气的，会让别人觉得很无聊。人们好像天生喜欢谈论自己的健康问题，但成功人士可以压制住这种天性。谈论自己的病情，可能（请注意我说的是可能）会得到别人的一丝同情，但一直抱怨，不可能得到他人的尊重和忠诚。

第二副药：**不要担心自己的身体状况。**Mayo医疗（一家全球知名的医疗机构）的名誉顾问，华特·阿法列兹博士，近来在一本书中写道："我常常不得不请那些过度忧虑的病人们克制一些。例如，有一个'病人'，老觉得自己的胆囊有毛病，可做了八次X光，都没查出什么问题。后来，他又来了，我求他别拍X光了。另外，还有好多'患者'，老觉得自己心脏有问题，我也不得不请求他们别做那么多心电图检查。"

第三副药：**要真诚地感恩自己依然健康。**在这里，我想再重复一下那句古语。"我一直为自己的破鞋子悲伤，直到我遇到了一个没有脚的人。"不要总抱怨"我总觉得哪里不对劲"，为自己依然健康而庆幸吧。要心怀感恩，这样你就不会总觉得这疼那痛，也不会真的得病。

第四副药：**经常提醒自己"与其闲死，不如忙死"。**生活是用来享受的，不要把时光白白浪费掉。不要忧思成疾，把生命都荒废了。

2.智力"借口症"："可是成功需要头脑呀。"

智力"借口症"，或者"我脑力不够"的想法，非常普遍。事实上，大约95%的人都曾以此为借口，只不过程度不同罢了。智力"借口症"和其他借口不同，人们很少会公开承认自己智商低，他们一般会将这种感受深藏心底，默默忍受。

关于智商，我们通常会犯两个基本错误。

一是我们会低估自己的智力。

二是我们会高估别人的智力。

因为人们老犯这样的错误，所以往往会低估自己。很多人觉得一定要有足够的头脑才能接受挑战，所以他们总是畏缩不前。然后，总有一些家伙根本不在乎自己智商够不够，反倒得到了机会。

其实，智商高低并不重要，重要的是如何充分运用。只有通过思考，智商才能发挥作用。而思考能力远比智商高低更为重要。这里，我想再重复一遍，因为这一点至关重要：只有通过思考，智商才能发挥作用。而思考能力远比智商高低更为重要。

爱德华·泰勒博士是美国一流的科学家，别人问他："你觉得你的孩子会成为科学家吗？"他回答说："要想成为科学家，不一定要有天才般的智力，也不一定要有超常的记忆力，成绩也不必特别优异，只要他真的对科学非常感兴趣就够了。"

兴趣和激情是决定性因素，即使是在科学界也不例外！

一个人即使智商只有100，但只要积极乐观，乐于和他人合作，必定比智商虽然高达120，但消极悲观，不善于与他人合作的人更有钱途、前途，也必定更受他人尊重。

即使是才智平平，只要专注地做完一项家务、一件工作、一个项目，都要比空有天才般的智商，却闲置不用强。

是否有能力，95%取决于能否坚持不懈。

去年，我返回母校参加大学同学聚会的时候，碰到了我的大学朋友查克，我们两个已经有10年没有见面了。大学读书时，查克非常聪明，是位优秀毕业生。我最后一次见他的时候，他的目标是在内布拉斯创办自己的公司。

我问查克，最终开了家什么公司呢？

"嗯，"查克坦诚地说，"其实我自己什么公司都没开成。要是在5年前，甚至在1年前，我都不会和别人说这些。但是，现在我想通了，聊一聊无所谓。

现在回过头来看我所接受的大学教育，我觉得我实际上被教成了个'哪个点子都不行'的专家。我精通各种潜在的陷阱，也熟知各种导致小企业难以维持的因素。'资金实力必须雄厚。''商业周期不能出任何差错。''产品的市场需求够大吗？''当地市场经济稳定吗？'有太多太多的地方要小心了。

最让我伤心的，是我的几个高中同学，好像并没有什么过人之处，也没有上大学，现在都已经成立了自己的公司，而且做得有声有色。而我呢，依然是碌碌无为，一事无成，每天只能审审运货单。要是在上大学的时候，我多钻研钻研小企业的成功之道的话，我肯定混得不是现在的熊样。"

查克的思维方式远比他的智商高低更为重要。

为什么那么多聪明人反而成了人生输家呢！我有一位老朋友，抽象思维能力超强，是美国优等生联谊会的成员，算得上是个天才。尽管天生聪颖，可他却是我见过的最失败的人之一。因为害怕承担责任，所以他一直做一份平庸的工作；因为很多婚姻都以失败而告终，所以他没有结过婚；因为他总觉得别人很无聊，所以他的朋友很少；因为害怕会赔钱，所以他从来也没有买过任何不动产。这个人空有一个超强大脑，不积极思考如何成功，而总想着"为什么事事行不通"。

他虽然聪明，但大脑被消极的思想所控制，所以他毫无创造力，也毫无贡献。如果他能改变自己态度，凭他那么高的智商，肯定能够取得巨大的成就。很可惜，他没有那样的思考能力。

我还认识一个人。从纽约一所顶尖大学获得博士学位后不久，他就应征入伍了。他在部队的三年时光是如何度过的呢？他既没做成军官，也没做成参谋，相反，他开卡车开了整整三年。为什么呢？就因为他对他的战友们抱以消极抵触情绪，觉得"我比他们优越"；对部队的各种带兵方法和程序抱以消极抵触情绪，觉得"这些东西简直太愚蠢了"；对部队的纪律消极抵触，觉得"这些纪律是管别人的，管不着我！"。他对所有东西，包括他自己都采取非常消极的态度，总觉得"我简直是太蠢了，怎么就没想到好办法逃离这牢笼呢？"

谁也不尊重他。他渊博的知识白白葬送了，竟没有任何用武之地。消极的态度把他变成了个十足的小人。

思考能力远比智商高低更为重要。请牢牢记住这一点。这是获得成功的最基本原则。就算是博士也不可能例外。

几年前，我和菲尔（Phil F.）成为莫逆之交。菲尔是某家著名广告公司的高级主管，负责市场研发，业务干得风生水起。

菲尔特别聪明吗？根本不是。菲尔对技术基本上一窍不通，他对统计学也差不多如此。他没有上过大学（不过，他的手下倒都是大学毕业生）。菲尔也并没有装作他是技术方面的行家。那么，凭什么他的手下一年连一万美元都挣不到，而他就能赚三万呢？

答案就在于：菲尔是个人性工程师。他永远积极乐观，激情四射。别人低落的时候，菲尔知道怎么鼓舞他们。他能够激发他人的热情。他了解人性，他知道怎么能让下属充满干劲，所以他打心眼里喜欢他的手下。

菲尔靠得不是智商，而是管理那些有头脑的人的能力。所以，虽然他的智商没有他的手下高，但他的价值却是他们的3倍。

现如今，能够毕业的大学生不到入学时的一半。我觉得很奇怪，就向一所大学的招生负责人咨询了一下。

"不是因为他们的智商不够高，"他说，"如果他们的智商不够，那他们当初就考不上大学。也不是经济原因。现在，只要你想上大学，钱就不是问题，解决办法有很多种。真正的原因在于他们的态度。说出来你可能不信，"他继续说道，"他们中途退学，大多是因为他们不喜欢某位教授，不想上一些必修课，或者是因为不喜欢某些同学。"

同样，很多年轻的管理人员无法推开高级管理岗位的大门，也是因为他们过于消极。不是因为他们的智商不够高，而是因为他们的态度着实让人讨厌，消极、悲观、看不起人，就是这些负面的态度害得他们止步不前。正如一位经理所说："一般来说，我们很少因为智商的原因否定年轻人，一般都是态度的问题。"

还有一次，一家保险公司发现排名前25%的业务员的业务量达公司业务总量的75%，但垫底的那25%的业务员的业务量仅占5%。公司委托我做相关调研。

查阅了几千份人事档案后，我们发现，业务员们的智力水平并没有显著差异，受教育程度也不是其原因所在。关键在于业务员的态度不同，或者说，在于他们能否有效地进行思维管理。最出色的那些业务员很少焦虑，更有激情，而且待人更为真诚。

当然，有些东西是天生的，我们无力改变，但如何使用上天所赐予的能力，我们却可以选择。

只有建设性地运用知识，知识才是力量。与智力密切相关的是知识。人们对知识往往存在误区。人们常说，知识就是力量。这句话不完全对。知识只能算是潜在的力量。知识只有加以运用，并且是建设性地运用时，才能产生力量。

有这么一个故事，说的是爱因斯坦的事。据说，有人问他：一英里合多少英尺？爱因斯坦回答说："我不知道。随便找本标准参考书，只要花两分钟时间，我就能查出来。这样的知识点，我干嘛要记住呢？"

爱因斯坦给我们上了重要的一课。不要把大脑当成知识仓库，运用大脑来思考更为重要。

亨利·福特曾经卷入一场诽谤诉讼案中。《芝加哥先驱报》在报道中称福特不学无术，福特就将《芝加哥先驱报》告上法庭。福特说，你们说我不学无术，那么请证明一下！

《芝加哥先驱报》问了福特几个简单问题，比如"班尼迪克·阿诺（Benedict Arnold）是谁？""美国独立战争发生在什么时候？"因为福特没有接受过正规教育，所以大部分问题都回答不上来。

最后，福特被激怒了，他说："我确实回答不上来。不过，给我5分钟时间，我能找到知道答案的人。"

亨利·福特对这些细枝末节毫无兴趣。和其他企业领袖一样，他知道，获取信息的能力远比把大脑当成知识的垃圾箱更为重要。

一本"活字典"到底值多少钱呢？我有个朋友，是一家制造公司的总裁。公司虽然刚成立不久，但发展态势很乐观。有天晚上，我在他家碰到了一件非常有趣的事情。当时，电视上正好在播放一个非常流行的益智节目。有个参赛者已经参加了好几期的节目。他好像上知天文下知地理，无所不知，无所不晓。有些问题荒诞不经，毫无意义，可他照样能答出来。

节目组出了一道关于阿根廷某座山脉的问题，极为冷门，可这个参赛者照样给出了正确回答。听完后，我朋友注视着我，问道："你觉得我愿意掏多少钱雇他？"

我反问他："多少？"

"我顶多出300美元，不是周薪，也不是月薪，而是一辈子就给他300美元。我刚刚已经把他看透了。这位所谓的专家根本就不会思考，只会死记硬背，不过是个会喘气的百科全书罢了。我估计花上300美元，就能买很好的一套百科全书呢！其实，可能我还给不了他那么多呢！我只要花两美元买本年鉴，他记住的这些东西，90%都能在上面找到。"

他继续说道："我身边需要那些能出主意，能解决问题的人，那些有梦想，而且能够用行动来实现梦想的人。一个有想法的人能为我创造价值，只会死记硬背的人却不行。"

治疗智力"借口症"的三剂良药

治疗智力"借口症"有三剂良药，都很简单，分别是：

第一剂药：千万不要低估你自己的智商，也不要高估别人的智商。不要小看自己。要看到自己的天赋，要充分挖掘自己的才华。记住，你的智商高低无关紧要，重要的是如何运用你的智商。不要空为智商高低而烦恼，管理好智商更为关键。

第二剂药：每天要经常提醒自己"态度比智商更重要。"不管是在生活中，还是在工作中，都要培养积极的态度。只须考虑"我为什么能够成功"，不要去想"我为什么不能成功"。要逐渐培养"我能赢"的态度。要积极，要创造性地使用智商！别总想着自己会失败，还是开动脑筋，想想如何成功吧！

第三剂药：要记住思考能力远比记忆力更为重要。要积极思考，要勇于提出新想法，找到更好的做事方法。要不断扪心自问："我是用聪明才智来创造历史呢，还是仅仅记录别人创造的历史呢？"

3. 年龄"借口症"："没用的。我年龄太大了（或太小了）。"

年龄"借口症"也是一种失败顽疾，是指人们总觉得自己的年龄不合适。这种"借口症"有两种表现形式，很容易区分，一种是"我太老了"，另一种是"我太年轻了"。

不管是哪个年龄段的人，都爱把年龄当借口。你肯定也听过不少。人们总将自己的平庸归结为"我太老了（太年轻了）。我想做，我也有能力做，但就是因为年龄的原因，我放不开手脚。"

真的，很少有人觉得他们正当年。真是太奇怪了，也太不幸了！成千上万的人们以年龄为借口，不敢推开真正的机会之门。因为他们觉得自己年龄不合适，所以都不去尝试一下。

"我太老了"这种表现形式最为常见，而且以异常微妙的形式广为传播。我们经常会看到这样的电视剧。一位成功的高管因为公司兼并而丢掉了工作，而且因为年龄太大，在找新工作时四处碰壁。几个月后，这位主人公终于走投无路，准备自杀。而最终，机缘巧合，他们终于恍然大悟，决定接受现实：其实，从高位退下来，做个闲人也不错。

以"年过四十岁，已成明日黄花"为主题的话剧和杂志文章特别流行，并不是因为它们表现出了真实的生活，而是因为有些人整天忧心忡忡，总想找个借口，这些题材正中下怀，合了他们的意。

如何根治年龄"借口症"

年龄"借口症"可以根治。几年前，我在做营销培训的时候，发现了一种效果奇佳的"免疫血清",不但可以根治年龄"借口症",还可以让你获得免疫力。

有一位学员名叫塞西尔,40岁了。他想改行做生产商代表,但是他觉得自己太老了。"毕竟,"他解释道,"我必须从头开始。我已经40岁了,没法再从零开始了!"

关于这个问题,我和塞西尔谈过好几次。刚开始,我用的还是过去的老方子,劝他:"一个人老不老取决于自己的心态。"可是,我发现我说的没什么用(人们经常会反驳说:"那我就是觉得自己老了呀!")。

后来,我终于发现了一个神奇的办法。有一天,在培训结束后,我在塞西尔身上试了试。我说:"塞西尔,一个人从什么时候开始有生产力呢?"

他想了几秒钟,回答说:"我猜大约是20岁吧!"

"好,"我说,"那么,一个人什么时候就没有生产力了呢?"

塞西尔回答说:"嗯,如果一个人身体健康,而且喜欢工作的话,我想他在70岁左右的时候,还很有用呢。"

"好吧,"我说,"其实很多人进入古稀之年后,依然有非常旺盛的生产力。但是,咱们姑且按照你刚才说的来算,也就是说,一个人从20岁到70岁都具有生产力,那么中间有50年的时间,长达半个世纪。塞西尔,你今年40岁了。你工作多少年了呢?"

"20年。"他回答说。

"你还剩多少年呢?"

"30年。"他回答说。

"也就是说,塞西尔,**你才发挥了40%的生产力,还没有走到中点呢。**"

我看着塞西尔,知道他已经明白我说的意思了。他的年龄"借口症"

治好了。塞西尔明白，未来他还有大把大把的机会呢！之前，他总觉得"我已经太老了"，现在他觉得"我还年轻呢！"。他终于意识到：年龄本身并不重要。年龄可以是上苍的恩赐，也可以是前进路上的障碍，关键在于我们对年龄持怎样的态度。

年龄"借口症"治愈后，本来紧闭的机会大门将豁然洞开。我有个亲戚，多年来一直在尝试不同的职业，他做过销售，开过公司，当过银行职员，但是他一直没有找到自己真正感兴趣的职业。终于有一天，他发现他最想做一名牧师。可惜太晚了，他发现自己已经45岁了，年龄太大了。而且他还要养3个小孩，家里也没什么积蓄。

但是，幸运的是，他鼓起勇气对自己说："不管我是45岁，还是多少岁，我一定要成为一个牧师。"

当时，除了坚定的信念，他再没有任何资本。他在威斯康星州参加了一个为期五年的牧师培训项目。五年后，他被任命为牧师，在伊利诺伊州一个不错的教会有了稳定的工作。

年纪太大吗？当然没有啦。至少还有20年的大好时光等着他去施展抱负呢！前不久，我碰到他，和他聊了一会儿。他说："你知道吗？要是我在45岁的时候没有下定决心，我后半辈子一定会痛不欲生。但是现在，我仿佛回到了25年前，觉得自己特别年轻，浑身充满了活力。"

他看起来好像也更年轻了。一旦你战胜了年龄"借口症"，自然会焕发青春，年轻乐观。一旦你战胜了对年龄局限的恐惧，你不但会取得更大的成功，而且还可以延年益寿。

我以前的一位同事就是个有趣的例子。我们可以看看他是如何战胜年龄"借口症"的。比尔1920年从哈佛毕业。毕业后，从事证券交易24年，略有积蓄。突然有一天，比尔决心要当个大学老师。朋友们好心劝他，学习太艰苦了，压力也太大，怕他承受不了。但比尔的决心已定。所以，在51岁那年，比尔考入了伊利诺伊大学。55岁那年，他获得了学位。现在，他是一所知名的人文学院的经济系主任。他过得很开心，总笑着说："我的生命才过了三分之二！我还有奔头呢！"

认为自己年龄大是种失败病症。不要让它拖你的后腿，要勇敢地战胜它！

一个人多小就算太小呢？年龄"借口症"还有一种形式，那就是"我太年轻了"。危害也很大。大约一年前，23岁的杰瑞来找我咨询。这个年轻人很有修养，曾经服过役，做过伞兵，退役后上了大学。大学期间，杰瑞在一家运输公司做营销，养活老婆孩子。不管是工作还是学习，他表现都非常出色。

但是那天杰瑞看起来很愁闷。他说："舒瓦茨博士，我碰到了一个难题。公司想让我做销售经理，主管8个销售员。"

"祝贺你！真是太棒了！"我说，"可你为什么看起来这么发愁呢？"

"是这样的，"他继续说道，"那8个销售员都比我大，他们比我大7到21岁，我该怎么办呢？我能处理好吗？"

"杰瑞，"我说，"很明显，你们的经理肯定觉得你的年龄不是问题，不然他也不会让你做销售经理。只要牢牢记住下面三点，你肯定会一帆风顺。

第一，不要总想着自己的年龄。过去在农场，一个男孩只要可以干男人干的活，他就是个真正的男子汉，与他的年龄无关。这点对你也同样适用。只要证明你有能力胜任销售经理这个职位，你的年龄自然不是问题。

第二，不要摆架子。要尊重那些销售员。注意征求他们的意见。要让他们觉得你是团队领袖，而不是独裁者。如果你能做到的话，他们就会配合你的工作，不会找碴寻事。

第三，要习惯于领导比你年长的人。领导比下属年轻，这种现象在各行各业都很常见。所以，要习惯于领导比你年长的人。未来，你可能会面临更好的机会，这一点尤为重要。

一定要记住，杰瑞，只要你不觉得年龄是个障碍，年龄就不会成为障碍。"

现在，杰瑞做得风生水起。他喜欢运输这一行，打算过几年自己开公司。

除非年轻人自己觉得年轻是个劣势，要不然，年轻怎么会是劣势呢？人们经常说，某某工作必须要交给一个成熟稳重的人。比如，要推销证券和保险，最好是满头白发或者干脆秃顶，这样才能赢得客户的信任。这完全是无稽之谈。其实，关键在于你是否对工作有深入的了解。如果你既懂行，又善于沟通，还懂得销售技巧，那就足够了，完全搞得定！除非你真的认为，功成名就所欠缺的东西唯有岁月才能弥补，否则，年龄和能力根本没有必然联系。

很多年轻人觉得他们受排挤，就是因为太过于年轻。当然，每个组织中都少不了这么一些人。因为缺乏安全感，害怕丢掉饭碗，他们千方百计地以年龄或其他借口来阻挠你进步。

但是公司里真正有决策权的人绝不会这样的，他们定会人尽其才，物尽其用。只要你态度积极，能力超群，那么，年轻就是你的优势。

我们再快速回顾一下，治疗年龄"借口症"的良方是：

一是积极正视现在的年龄。要时刻提醒自己"我还年轻"，不要总觉得"我已经老了"。要学着向前看，不断向着新的目标前进，这样才能保持心态年轻，充满激情。

二是计算自己的生产力还能保持多久。请记住，如果你今年30岁了，那你还有80%生产力没有用，即使你已经50岁了，生产力也还剩40%呢。这40%恰恰是人生最美好的时光，充满了各种机会。生命比大多数人想象得要长得多。

三是开始做你真正感兴趣的事情。别消极处世，什么时候开始都不晚。千万不要后悔"早几年我就该这么做"，有了这种想法，必然会失败。相反，"要从现在就开始，最好的年华还在等着我呢！"这才是成功人士的思维模式。

4. 运气"借口症"："但是我的情况不同，我总是厄运缠身 。"

最近，有位交通工程师做了一次关于高速路行车安全的报告。在报告中，他指出，每年有4万多人因所谓的交通事故而丧生，但关键在于，这些所谓的事故其实并不是真正的意外，都是由机械故障或者人为原因抑或二者共同作用导致的。

这位交通专家的观点再一次证实了千百年来一个不变的真理：有果必有因。今天的天气是好是坏，绝非偶然，背后都有原因。人类的行为也不例外。

每天我们都能听到人们抱怨自己运气差，才会状况不断，同样，人们也总羡慕别人运气好，才那么成功。

接下来，我向诸位展示一下人们是怎么借"运气"推脱责任的。最近，我和三个初级主管共进了一次午餐。午餐时，我们聊到的话题是乔治。就在前一天，乔治从同一级别的管理人员中脱颖而出，被领导提拔到一个重要职位。

幸运儿为什么是乔治呢？这三位开始胡乱猜测。他们觉得乔治运气好，能说会道，会巴结讨好上司。乔治的老婆总是拍老板马屁。他们说的都不对。事实上，乔治的确更适合那个职位。他的表现更为出色，工作更加努力，性格更好，效率也更高。

而且我也知道，公司高层为了在他们4个中选1个出来，确实费了不少脑筋。这三位还糊里糊涂、浑浑噩噩的呢！他们应该明白，公司高层提拔谁，不提拔谁，并不是抽签决定的。

不久前，我和一家机器设备生产公司的销售经理聊天时，提到了运气"借口症"的严重后果。他情绪激动，向我讲述了他的亲身经历。

"我以前从来没听说过这个专业术语，"他说，"不过，每位销售经理都必须要面对这样的难题。就在昨天，我们公司就发生了一件事情，非常应景。"

"下午四点的时候，一位销售员走进我的办公室，递给我一份112000美元的设备订单。当时，另一位销售员正在我办公室，他的业务量实在是太低了，能不能继续留在公司都是个问题。听到约翰带来的好消息，他不无嫉妒地说：'约翰，你怎么又这么幸运啊！'

为了这个订单，约翰已经花了几个月的时间，同时和六七个人接洽，跑了一趟又一趟。他整晚整晚地加班，琢磨客户的需求，提出最佳方案。然后他请公司的工程师画出了设备的设计样稿。能拿下这个大单子，约翰靠的是精心规划，耐心跟踪，与运气无关（除非运气另作他义）。只是那个无能的销售员不愿意承认这一点罢了。"

如果凭运气来安排岗位和部门的话，那所有公司早乱成一锅粥了。试想一下，如果凭运气来重组通用汽车公司，会怎么样呢？把所有员工的名字都做成签，放在一个桶里。抽到的第一个人当主席，第二个人当执行副主席，以此类推。听起来很愚蠢，是吧？如果靠运气，那就得这么运作！

不管是企业管理、销售、法律、工程、演艺，还是其他行业，人们之所以能够登峰造极，是因为他们拥有卓越的态度，工作中兢兢业业，具有精准的判断。

战胜运气“借口症”的方法有二

第一种方法：要相信因果法则。有的人好像总是顺风顺水，有的人却霉运不断。不要被表象所欺骗，一定要看到事情的本质。成功人士之所以成功，与运气无关，靠的是周密的计划、充分的准备，以及对成功的不断思考。同样，那些失败者"运气不佳"也并不是没有原因的。成功人士遭受挫折后，会从中吸取教训，而平庸之辈失败后，只会怨天尤人，而不汲取前车之鉴。

第二种方法：不要抱有不切实际的想法。成功并非轻而易举的一日之功，所以，别浪费精力痴心妄想了。幸运女神不会无缘无故地垂青哪个人。要想成功，必须掌握、应用成功的法则，脚踏实地地做事。天上不会掉馅饼，升职、成功、美好的生活不会凭空落在你头上。还是集中精力，提升个人的能力和品质，不断奋斗吧！

快速小结

治疗健康"借口症"的四个处方：

1. 不要谈论自己的身体状况。

2. 不要担心自己的身体状况。

3. 要真诚地感恩自己依然健康。

4. 经常提醒自己"与其闲死，不如忙死"。

治疗智力"借口症"的三剂良药：

1. 千万不要低估你自己的智商，也不要高估别人的智商。

2. 每天要经常提醒自己"态度比智商更重要。"

3. 要记住思考能力远比记忆力更为重要。

治疗年龄 "借口症" 的良方是：

1. 积极正视现在的年龄。

2. 计算自己的生产力还能保持多久。

3. 开始做你真正感兴趣的事情。

战胜运气 "借口症" 的方法有二：

1. 要相信因果法则。

2. 不要抱有不切实际的想法。

The MAGIC
of Thinking Big

第三章

征服恐惧，树立自信

"别担心，这不过是你想象出来的，其实没什么好害怕的。"朋友们经常这样善意地安慰我们。

可是，你我都清楚，这种安慰的话一般都是治标不治本。或许，我们能够暂时把恐惧抛在脑后，但几分钟或者几小时后，恐惧会再次卷土重来。所以，这种"这不过是你的想象"的安慰之辞并不能真正消除恐惧，树立自信。

的确，恐惧是一种真实的存在。要想征服恐惧，我们必须先得承认这一点。

在现代社会，恐惧大多是由心理原因引起的。当一个人对自己的想象失去控制，就会产生大量消极负面的想法，就会产生忧虑、紧张、难堪、恐慌等不良情绪，进而引发恐惧。找到病根只是第一步，离治愈还差得很远。光检查出病灶还不够，医生还必须拿出治疗方案来。

以前，人们认为恐惧并不存在，所以，当人们感到恐惧的时候，别人往往用"这都是心理作用"这样的话来安慰他们。其实不然，恐惧确实存在。恐惧是成功的头号劲敌。因为恐惧，人们错过了大好的机会；因为恐惧，人们消磨时光，眼睁睁看着身体慢慢失去活力；因为恐惧，人们总觉得身体不舒服，器官会发生病变，寿命也会因此缩短；因为恐惧，有时候人们想要开口，又不得不三缄其口。

恐惧——不确定感、自信的缺乏——是经济衰退的真凶；成百上千万的人们事业平平，不能享受生活，也是因为他们有深深的恐惧感。

毫无疑问，恐惧的威力无穷。在生活中，恐惧无处不在，所以人们才不能心想事成。

恐惧其实是一种心理感染，有各种表现形式，而且有的严重，有的轻微。身体感染可以治好，同理，思想感染也有对应的疗法，只不过疗法比较特殊，而且事先需要验证罢了。

首先，我们先作一下准备工作。第一，先要认清这样一个事实：没有人生来就很自信，自信可以培养。有的人看起来毫无畏惧，浑身上下散发着自信的光芒，时时处处表现得泰然自若，这种自信也是后天一点一点培养起来的。

你也能够做到。在这一章，我将教你怎么做。

○ 将恐惧隔离起来，立即采取行动

二战期间，美国海军规定，所有新入伍的海军必须会游泳，如果不会，必须要学会游泳。当然，原因很简单，说不定哪一天这个技能就能救他们的命。

不会游泳的新兵都得参加游泳培训课。我观察过几次培训课程。说句不合时宜的话，看着这些年轻人身强力壮的，却被几英尺深的水吓得胆战心惊，还真是有趣得很。我记得有一次，新兵都要从6英尺的高度跳到约8英尺深的水里，他们不用真的跳水，直接蹦进去就行。旁边还站着六七个游泳好手。

作更深层的思考，我真为他们感到悲哀。这些成年男性表现出来的恐惧如此的真实！横亘在他们和恐惧之间的就是那么纵身一跃。好多次，我看到这些年轻人被"不小心"推下水去。但只要跳过一次，他们往往就能战胜恐惧。

很多海军士兵都经历过这样的小插曲，这充分证明：行动可以治愈恐惧。而犹豫不决、迟疑不前则是恐惧的温床。

请在你的成功指南里记录下来：行动可以治愈恐惧。

行动确实可以治愈恐惧。几个月前，一位经理来找我。他负责给一家大型零售商采购，责任重大。他刚刚四十出头，看起来却愁容满面。

他担心地说："我恐怕要被炒鱿鱼了。我有种不祥的预感，恐怕没几天了。"

"为什么呢？"我问道。

"形势对我非常不利。我主管的部门业绩同比下降了7个百分点，更糟糕的是，公司的总营业额同比却增长了6个百分点。最近，我隔三差五地出错，采购经理好几次都点了我的名，批评我没能跟上公司前进的步伐。"

"以前我从来没有过这种感觉，"他继续说道，"我控制不住局面了，别人肯定能看出来。采购助理和销售员们肯定也能感觉到。当然，其他经理也知道我在退步。在一次采购经理大会上，一个采购经理甚至建议把我负责的一部分产品调整到他那个部门。他的原话是'这样才能给公司盈利。'我感觉快被淹没了，旁边站着一大群人，就那么眼睁睁地看着，就等着我被淹死呢。"

这位经理不停地向我解释他目前所处的困境，滔滔不绝，完全没有停下来的意思。最后，我不得不打断他，问道："那你采取什么行动了吗？你有没有试着去扭转局面呢？"

"唉，"他说，"我觉得没什么可做的，只能祈祷了。"

听到他的回答，我反问道："坦率地讲，你觉得光祈祷有用吗？"我停顿片刻，并没有给他回答的机会，又追问道："你为什么不采取行动呢？为什么不努力把希望变成现实呢？"

"您继续说。"他说。

"针对你目前的情况，我想可以从两方面入手。第一，从今天下午开始，努力增加销量。我们必须要面对这个问题。销售业绩一直下滑，肯定有原因。把原因找出来！或许，你可以进行促销，把卖不动的那些东西清理掉，然后采购些新货。或许，你可以把货物重新摆放一下。或许，你可以激励销售员们，让他们重燃工作热情。具体该用什么办法我不知道，但我相信你肯定能想到法子。还有，你应该和采购经理私下谈一谈。他很可能有开除你的打算，不过，如果你能够诚恳地和他谈一谈，征求一下他的意见，他肯定会给你宽限一段时间。如果他们觉得你可以把销售额追上来，肯定不会解雇你，因为那样做成本更高。"

我继续说："让你的销售助理们振作起来，别胡思乱想，专心做事。不要表现得你好像在做垂死挣扎。用活力来感染身边的人。"

我看到他的眼中重新燃起了勇气。他问我："您说我可以从两方面入手。那我还能做什么呢？"

"第二种行动嘛，可以算是个保险措施。悄悄找一两个关系最好的生意伙伴，让他们把消息放出去。就说，你正在准备换工作，只要能提供更好的待遇，你就可以考虑为另一家公司效劳。"

"当然，我相信，如果你积极采取行动，销售额肯定会提高，肯定没有失业的风险。不过，还是有一两个备选项比较好，以防万一呢！一定要记住：找工作就是这样，骑驴找马很容易，但裸辞后找工作，难度不只增加十倍。"

两天前，这位一度愁眉不展的经理给我打了个电话。

"和您谈话后，我立刻挽起袖子，行动起来。我做了一些调整，但主要是在销售代表身上下功夫。以前，我一周开一次销售会议。现在，一天早上一次。经过我的鼓励，他们终于再次充满激情。我想，看到我活力四射的样子，他们肯定很受感染，所以比以前努力。我想，他们是在等着我带头呢！

事情进展得非常顺利。上周，我们部门的营销额已经超过了去年的水平，而且比公司平均水平高出很多。

"还有个好消息，"他继续说道，"我也想顺便提一下。上次和您谈话后，有两家公司向我抛出了橄榄枝。我觉得非常开心。不过，因为现在的工作很顺利，所以我就婉拒了。"

当我们遇到难题的时候，如果不采取行动，就只能身陷泥沼，无力回天。有希望是对的，但希望不过是开始，只有真正采取行动，才能赢得真正的胜利。

运用这个法则吧！下次，不管你有多恐惧，都不要慌，一定要先问问自己：采取怎样的行动才可以战胜恐惧呢？

将恐惧隔离起来，然后采取适当的行动。

在下表中，左侧我们列出了一些恐惧类型，右侧我们列出了可能采取的行动。

恐惧类型	采取的行动
1. 因外表而局促不安	改善外表。理个发或者做个美容,把鞋擦亮,把衣服洗干净、熨好。总之,学着修饰自己,当然,不一定要买新衣服。
2. 害怕失去一个重要客户	加倍努力,为客户提供更好的服务。如果觉得有什么事会动摇客户的信心,马上改进。
3. 害怕考试失利	别做无畏的担心,立刻开始学习。
4. 担心自己无法控制的事情	转移注意力,帮助他人。然后,祈祷吧。
5. 害怕在龙卷风或飞机失事等意外中受伤	转移注意力。到院子里去拔拔草。和孩子们玩一会儿。去看场电影。
6. 害怕别人的评价和评论	先确定自己要做的事情是否正确。如果觉得正确,那就行动吧。无论做任何有价值的事情,都会有人说三道四。
7. 害怕投资或买房	先把所有因素都分析一下,然后果断做决定。下定决心后,就要坚持下去。要相信自己的判断。
8. 害怕他人	要正确看待他们。记住,他们也是人,和你没什么两样。

克服恐惧,建立自信,只需要采取两个步骤。

1 将恐惧厘清,找出你真正恐惧的东西。

2 采取行动。只要采取正确的行动,任何恐惧都可以克服。

请记住:**犹豫不决只会加剧恐惧,一定要果断、果敢!**

○ 有效管理记忆训练

许多人之所以缺乏自信,是因为他们有过不愉快的记忆,而且没能很好地对记忆进行管理。

大脑就像个银行。每天，我们将一些想法存储在思想银行里。这些思想不断累积，最终成为我们记忆的一部分。当我们遇到问题，进行思考的时候，实际上，我们是从记忆中调出有关的存储，"关于这件事，我知道些什么呢？"

记忆银行会自动回复，把储存的有关信息提供给你。而这些信息就是产生新想法的原材料。

记忆银行的出纳非常可靠。他绝不会违背你的命令。如果你对他说"出纳先生，我想证明自己低人一等，给我提取一些相关的记忆吧。"，他立马回答"没问题，先生。还记得你曾经尝试了两次，都铩羽而归吗？还记得六年级的时候，你的老师说你是个酒囊饭袋，将一事无成吗？还记得你听到同事们背后议论你说……？还记得……？"

出纳先生不断地在记忆中搜寻，找出一个又一个的例子来证明你能力低下。

相反，假设你走近出纳先生，提出不同的请求："出纳先生，我现在处境很艰难，必须做出一个困难的决定。请给我提取一些相关的记忆，让我重拾信心吧。"

同样，出纳先生会回答道："没问题，先生。还记得你曾经遇到过类似的情况，处理得很好吗？还记得史密斯先生多么信任你吗？还记得你的好朋友是怎么评价你的吗？还记得……？"

出纳先生总是有求必应，你想提取什么记忆，他就给你提取什么记忆。毕竟，你才是这家思想银行的主人。

接下来，我们要教你**如何通过有效管理记忆来树立自信**。同样可以从两个方面入手。

第一，在记忆银行里，只保存正面的记忆。让我们坦然面对现实吧！每个人都会碰到很多不愉快的、尴尬的、沮丧的事情。但是，成功人士和失败者对此采取截然不同的态度。不成功的人不懂得遗忘，他们抓着这些不愉快的经历不放，让它们在记忆中牢牢扎下根来。他们一遍又一遍地回想，不能释怀。在晚上入睡前，他们还在想这些不愉快的事情。

而自信的成功人士则不然，他们不会想太多，该放下就放下。他们只会记住那些正面的想法。

如果每天早上上班前，你铲上些泥，放到汽车的引擎箱里，你觉得车况会怎么样呢？本来好好的引擎很快就乱成一团糟了，根本就不能正常运转。大脑里那些消极、不愉快的想法会对思想产生类似的影响。如果将思想比作一台发动机，那消极的想法会导致不必要的磨损。消极的想法会让你觉得忧虑、沮丧，低人一等。消极的想法会让你在路上抛锚，眼睁睁看着别人从你身边飞驰而过。

建议你可以这样做：在你可以自由思考的时候（比如一个人开车或吃饭的时候），多想想那些愉快的、正面的经历。多在记忆银行中储存些积极的想法。这样做，你会更加自信，你会觉得"我感觉棒棒的！"这样做，你也不容易生病。

给你推荐一个非常棒的计划。在晚上睡觉前，在记忆银行中存入一些美好的记忆。要多想想你所拥有的东西，懂得知足常乐。多想想自己的妻子（或丈夫）、孩子、健康等，要懂得感恩。多想想今天看到的好人好事，多想想自己小小的成功和进步。要多想着：活着多好，何必不开心呢？！

第二，只从记忆银行中提取积极的想法。几年前，我在芝加哥工作的时候，和一家心理咨询公司有密切的业务往来。这家公司的业务范围较广，但最主要的业务是提供婚姻咨询和心理咨询，二者都与思想调节有关。

一天下午，我和公司经理坐在一起，探讨该使用什么技巧来帮助那些严重失调的患者。他说道："其实，如果有件事他们能做到的话，根本就用不着来我这里做心理咨询。"

我急切地问："是什么事呢？"

"很简单，摧毁消极的想法，不要让这些消极想法变成控制思想的怪物。"

"向我寻求帮助的人们，"他继续说道，"大多数有间私人博物馆，里面装满了可怕的思维怪物。例如，许多人婚姻不幸福，是从度蜜月的时候就埋下了祸根。或许，蜜月没有夫妻双方或一方想象得那么完美，可是，他们没有把这种不满埋葬掉，而是从记忆里一遍又一遍地揪出来。结果，这陈芝麻烂谷子的事情变成了婚姻关系的巨大障碍。往往过上5到10年，他们才来找我，已经来不及了。

"当然，通常客户们并不知道自己的问题出在哪。我的任务就是帮他们找到问题所在，向他们揭示问题的根源，帮助他们认识到，那些事情都是些鸡毛蒜皮，完全不值一提。

"任何不愉快的事情都能变成思想妖魔。"这位心理学家朋友继续说："工作不顺利，爱情受挫，投资失误，未成年的孩子不听话等等，这些都很常见。我必须帮助那些存有困惑的客户们打败这些怪兽。"

很明显，任何消极想法，只要一再提起，都可能发展成为真正的思想怪兽，都会摧毁自信，进而引发严重的精神疾病。

《大都市杂志》曾发表了一篇文章，题为《通往自我毁灭之路》（*The Drive Toward Self-Destruction*）。文章作者Alice Mulcahey在书中指出：每年，美国自杀人数高达3万多，自杀未遂的人高达10万之多。她继续写道："有证据显示，其实，还有上百万的人正在戕害自己，不过过程比较缓慢，形式也较隐晦。还有一些人虽然没有伤害自己的身体，但一直在精神自杀，他们不断地羞辱自己，惩罚自己，贬低自己。这些事实实在是太让人震惊了！"

上文提到的那位心理学家朋友曾经给我讲过，他如何帮助一位患者停止对自己的心理和思想进行戕害。"这个病人，"他解释道，"快四十岁了，有两个孩子。用外行的话来说，她患有非常严重的抑郁症。在她记忆中，只有痛苦。不管是上学，结婚，怀孕生子，还是生活的地方，所有这些都只能唤起她痛苦的回忆。她竟然主动对我说，她觉得自己从来没有真正快乐过。因为一个人对过去的记忆会扭曲对现在的看法，所以，在她眼中，只有悲观和黑暗。

"我给她看了一张图片，问她在图中看到了什么。她说：'看起来好像马上将有一场暴风雨。'这是我听过的对这张图片最悲观、最惨淡的诠释了。"（这是一张油画，崎岖的海岸线上，岩石林立，太阳低垂在天空中。这幅油画的构图非常巧妙，可以看作是日出，也可以看作是日落。我朋友告诉我说，从一个人对这幅图的解读，可以看出他的个性。大部分人觉得是日出，但精神压抑，心理失常的人通常认为是日落。）

"作为心理学家的我，无法改变她大脑中已经存在的记忆。但如果病人愿意配合的话，我可以帮助她以不同的视角来看待这些记忆。对于这位女病人，我主要就是帮助她正确看待回忆。回忆不可能完全不堪回首，我要帮她从回忆中找到快乐和幸福。经过6个月的治疗，她的情况有了一定程度的改善。这时，我给她布置了一项特殊的作业。我要求她每天想出三个必须要快乐的原因，并写在纸上。然后，在每周四见面的时候，我们一起讨论这些原因。3个月后，她取得了可喜的进步。现在，这位女士的状态已经调整到了正常水平。她积极乐观，和大多数人一样快乐幸福。"

这位女士不再从记忆银行里提取负面想法的那天，她就走上了康复之路。

只要别再想消极的回忆，而只想那些积极的回忆，任何心理问题都可治愈。

不要孵育思维怪物。不要再想那些不愉快的回忆。记住、回想那些美好的经历，将痛苦的部分封存起来，彻底忘记。一旦你发现自己在回忆负面的东西，干脆就什么都别想了。

其实，大脑也想让你忘掉那些不愉快的经历。如果你愿意配合，不愉快的记忆会慢慢枯萎，记忆银行的出纳最终会将它们清除出去。这点非常重要，也非常有帮助。

关于记忆能力，著名的广告心理学家莫文·哈特威克（Melvin S. Hattwick）博士曾经说道："如果广告能激发愉悦的感受，就容易被记住。反之，如果观众或听众觉得不太愉快，那他们就倾向于把广告忘掉。我们不欢迎让自己不快的东西，所以，往往记不住。"

简而言之，只要我们不一而再、再而三地回想那些不愉快的记忆，遗忘其实很容易。记住，只从记忆银行里提取积极正面的想法吧！至于其他的想法，就任其自生自灭吧。这样，你将会更加自信，会觉得自己站在世界之巅！只要你不再回想那些自我贬低的负面想法，那你就朝着战胜恐惧迈出了一大步。

○ 正确看待他人，克服对别人的恐惧

为什么有的人害怕别人？为什么有的人和别人在一起总觉得不自在？

为什么有的人那么腼腆？我们该怎么办呢？

害怕别人是个大问题，但并不是没有办法克服。只要正确看待他人，就能克服这种恐惧。

我有个做木雕生意的朋友，生意做得非常红火。他给我讲过一个学着正确看待别人的故事，主人公就是他自己。他的故事非常有意思。

在二战参军前，毫不夸张地说，我见了谁都觉得害怕。你都想象不到我有多胆小，多害羞！我觉得谁都比我聪明得多。我总觉得自己的身体不够强壮，智商也不够高。我觉得我生来就注定会失败。

然而，或许是幸运之神格外眷顾，当兵后，我竟然逐渐摆脱了对别人的恐惧。1942年至1943年，部队大量征收新兵。当时我在一个大型征兵中心做医务兵，协助医生给新兵做体检。我看到的新兵越多，我就越不害怕。

成百上千的新兵像松鸡一样一丝不挂，排成一行，分不出谁是张三谁是李四。当然，有的胖，有的瘦，有的高，有的矮，但他们看起来都很困惑和孤独。几天前，他们的职业不同，社会地位迥异，有的是年轻有为的经理，有的是农民、商人、流浪汉和蓝领。但是在征兵中心，他们都一样。

在那里，我终于明白了一个简单的道理。我发现其实人们的相似之处很多，远超过差异之处。我发现其他人也和我差不多。他们也喜欢美味的食物，他们也思念家人和朋友，他们也想有所成就，他们也面临各种各样的问题，他们也喜欢放松。所以，其他人和我本质上并无差异，那么，我又有什么理由要害怕他们呢？

难道他说的没有道理吗？其他人和我本质上并无差异，那么，我又有什么理由要害怕他们呢？

下面两种方法可以帮你正确看待他人。

1. **要用平等的眼光看待每一个人。** 和他人相处的时候，要切记两点。第一，对方很重要。我再强调一下，对方很重要。每个人都很重要。但是，同时也一定要记住：你也同样重要。所以，和别人相处的时候，务必要这样想："我们都很重要，不过是为了互惠互利而坐到了一起。"

几个月前，我给一个公司的经理推荐了一个年轻人。后来他打电话告诉我说他已经决定要用他。他问我："你知道我最看重他哪一点吗？""哪一点？"我问他。"是他看待自己的方式。大部分求职者一走进我的办公室，都吓得半死。回答问题的时候，他们往往会看我的脸色，揣摩我的心思。这么说吧，从某种程度上讲，大多数求职者像是乞丐，不管给他们什么，他们都照单全收，不敢挑剔，一点都不讲究。"

"但是这个年轻人完全不同。他尊重我，但更重要的是，他也尊重自己。而且，他向我提的问题比我提的问题还要多。他可不是战战兢兢、鼠目寸光的人。他是个顶天立地的男子汉，他肯定会出人头地的。"

这种既尊重他人又尊重自己的态度能帮你掌控局面。有了这种态度，在思考的时候，你就不会有畏惧之心。

有的人可能长得很高大，职位很高，好像挺吓人的。但一定要记住：**他也是人，从本质上来说，他和你一样，有着同样的兴趣和欲望，也面临同样的问题。**

2. **要理解他人。** 在生活中，有人就是想咬你一口，想对着你大喊大叫，想挑你的刺，想把你碎尸万段。一定要有心理准备，要不然，一旦碰到这样的人，你的自信心可能会严重受挫，你可能会有严重的挫败感。要小心，有些成年人就是盛气凌人，骄横跋扈，喜欢欺负别人。一定要学会保护自己。

几个月前，我在孟菲斯一家酒店入住的时候，就看到这样一幕，完美地诠释了该如何对付这些欺人太甚的家伙。

当时是下午5点多，入住的客人很多，前台忙着给客人们办理入住手续。在我前面排队的一位男士颐指气使地报了自己的名字。前台工作人员说："好的，R先生，我们已经为您预留了一个精致的单间。"

"单间？"这位男士大吼起来："我预定的是双人间啊！"

这位工作人员非常礼貌地说："我帮您查一下。"他把这位客人的预订单找了出来，然后说："很抱歉，先生，您在电报中特别注明要一个单间。现在双人间都满了，不然我们很乐意帮您调换。"

这位顾客勃然大怒，他喊道："我他妈才不管那张纸上是怎么写的，我就是要住双人间。"

然后他开始用"你知道我是谁吗"那一套来骂人，还说"等着被炒鱿鱼吧。等着瞧吧！我一定要让你卷铺盖走人。"

面对那位先生咄咄逼人的谩骂，这位年轻的工作人员见缝插针地解释道："先生，非常抱歉，但我们确实是按照您的指示做的。"

最后，这位先生大发雷霆，他喊道："就算是给我住最好的套间，我也不住了！你们酒店的管理实在是太混乱了！"说完，他拂袖而去。

轮到我了。我走到柜台前，心想，这位工作人员刚刚当着这么多人的面被狠狠地训斥，心情肯定烦躁不安。然而出乎我的意料，他依然用最标准、最欢快的语言问候我："晚上好，先生。"然后，按照流程为我办理了入住手续。我对他说："我真佩服您！您的自控力可真强呀！"

"不是的，先生。"他说道，"我怎么能跟那样的人生气呢？我觉得其实他不是冲着我来的。我只不过是替罪羊罢了。可能这个可怜的家伙正在和老婆闹矛盾，也可能生意刚刚遇到麻烦，或者他一直觉得低人一等，想借此机会发泄一下。我正好赶上了，就成了他的出气筒。"

这位工作人员又补充道："或许，他本质并不坏，是个很好的人。大多数人都是好人。"

往电梯间走的时候，我一直在下意识地重复这句话："**或许，他本质并不坏，是个很好的人。大多数人都是好人。**"

请一定记住这两句话。下一次，有人挑衅的时候，千万要稳住，别发火！让对方发发脾气释放释放，然后你就把这件事忘了吧。其实，这样做，你已经赢了。

○ 堂堂正正做事，才能自信地行动和思考

几年前，我在批改学生试卷的时候，有一份试卷让我非常困惑。这个学生之前在课堂讨论和测试中表现都很突出。我本以为他会名列前茅，但是，因为这份卷子答得太差，他的总成绩反倒垫了底。按照惯例，我让助理给他打了个电话。我说有急事找他，让他立刻到办公室来一趟。

这位学生保尔很快就来了。但看上去他好像心情沉痛。等他坐下来，我问他："保尔，怎么回事？我觉得你的能力很强，你的卷子可以答得更好啊。"

保尔的内心在挣扎，他低头盯着自己的脚，咕哝道："先生，自从这次作弊被您发现后，我一下子就崩溃了。我根本没有办法集中精力。我发誓这是我上大学后第一次作弊。我太想要得A了，所以，我就作了弊。"

他看起来惴惴不安。但是既然开了口，他就索性一股脑倒了出来："我估计您会向学校汇报，让学校开除我吧！学校有规定，不管是谁，不管以任何形式作弊，只要被抓住，就会被永久开除。"

然后保尔又说到，他要是被开除，他的家人将倍感羞辱，他的人生就彻底毁了，如此种种。最后，我说："别着急，慢慢来。听我解释。我根本就没看到你作弊。要不是你刚才告诉我，我压根就不知道你是为何苦恼。保尔，对于你的作弊行为，我深感遗憾。"

然后，我又问他："保尔，和我说说，你为什么要上大学呢？"

他现在平静多了，稍顿片刻后，他说："嗯，博士，我想我上大学是为了学会如何生活。可是，我想我已经失败了。"

"学习的渠道很多。"我说，"我想从这件事，你将学习到关于成功的重要一课。"

"你抄小抄的时候，觉得良心极度不安，产生了负罪感，进而自信心丧失。正如你刚才所说的，你都崩溃了。"

"保尔，大多数情况下，我们从道德或宗教的角度来判断对错。我不是想说教，告诉你什么是对，什么是错。让我们从实用主义的角度来分析一下。如果你做的事情违背了你的良心，你会充满罪恶感。这种罪恶感会阻碍你正常的思维过程，因为你总在想'我会不会被逮住呢？''我会不会被逮住呢？'这样，你的思路怎么可能清晰呢？"

"保尔，"我继续说道，"这一次，因为你特别想得A，所以你做了不应该做的事情。在生活中，你会碰到很多类似的情况，你很可能经不起诱惑，做一些违背良心的事情。比如，因为特别想推销某件产品，你可能故意误导顾客，骗他把产品买下来。头一回可能会成功，但是接下来呢？你可能再也摆脱不了由此而产生的罪恶感。下次再见到这位顾客的时候，你会心虚，觉得浑身不自在。你老想着'他发现我骗他了吗？'，介绍产品的时候，你的注意力肯定不集中。这很可能就是一锤子买卖，他再也不会从你这买任何产品了。长远来看，运用不正当手段做生意，会让你良心不安，最终将影响你的长远利益。"

我又举了一些案例，有些人有了外遇后，因为特别害怕被老婆发现，所以弄得焦头烂额。"会不会被她发现呢？""会不会被她发现呢？"这种深深的恐惧逐渐蚕食了他的自信，最后，他无论在家在单位都一团糟。

我提醒保尔，很多罪犯落网，并不是因为警察找到了确切的证据，而是因为他们鬼鬼祟祟，行为怪异。这种罪恶感出卖了他们，最终让警察盯上他们。

每个人都想做个正直的人，思想堂堂正正，做事规规矩矩。如果违背了这个天性，我们的良知就像得了癌症，癌细胞不断扩散，逐渐吞噬我们的自信。如果做了某件事后，你会害怕"我会被抓住吗？他们会发现吗？我能侥幸逃脱吗？"，那这件事就不该做。

如果必须要以自信为代价，那这个A不要也罢。

让我欣慰的是，保尔终于懂了。他终于明白，只要堂堂正正地做事，终会有所回报。我建议让他补考。他又问我："我还会被开除吗？"我说："我知道学校有这条规定。不过，如果把所有作弊的学生都开除的话，那一半教授都该下岗回家了。如果把所有想要作弊的学生都开除的话，那学校就只能关门大吉了。"

"如果你能帮我一个忙的话，我会当这件事从来没有发生过。"

"您说。"

我走到书架旁，取出我珍藏的《金科玉律的五十年》，递给保尔，对他说："保尔，拿去读吧！读完再给我还回来。你可以读读 J. C. Penney 的故事，看看他是怎么堂堂正正做事，最终成为美国大富豪的。"

堂堂正正做事，我们的良心就清清白白，我们也会充满自信。如果我们明知故犯，会产生两种负面结果。第一，我们会有罪恶感，自信心会逐渐丧失。第二，纸包不住火，其他人迟早会发现，我们会失去别人的信任。

堂堂正正做事，才可以自尊自信，才可以迈向成功。

"自信地行动，才能自信地思考。"把这条心理学原理至少念上25遍，直到烂熟于心为止。

伟大的心理学家乔治·克莱恩博士在其著作《应用心理学》中写道："记住：行为是情绪的先导。一个人不能直接控制情绪，但可以通过选择不同的行为来控制情绪。要避免一些常见的悲剧（比如婚姻触礁或夫妻间的小误会），就要真正懂得心理学。每天做正确的事，就会产生积极的情绪。要经常和爱人约会、亲吻，要真诚地赞美对方，也不要吝惜用其他的方式来表达爱意。这样的话，你根本不用担心你们之间会没有爱。如果你每天都表达你对对方的宠爱，那你们肯定会更加恩爱。"

心理学家认为，动作的改变可以导致心态变化。例如，强迫自己微笑，你会不知不觉地想微笑；别再无精打采地站着，抬头挺胸，你会觉得自己更优秀。相反，总习惯于皱眉的人，更喜欢皱眉头。

行为可以改变情绪，这一点很容易就能证明。有的人羞于向别人介绍自己。要想克服羞涩，树立自信，只需要同时做三件事情。第一，伸出手来，热情地握住对方的手；第二，看着对方的眼睛；第三，真诚地说："很高兴认识您。"

只要肯做这三个举动，就能克服羞涩，树立自信。自信的行为可以引发自信的思想。

○ 建立自信练习

要想自信地思考，就要采取自信的行为。仔细阅读下面这五种方法，用心练习，逐步建立起自信。

1. 永远坐在前排。你有没有注意过，不管在教堂、教室，还是其他公共场合，后排的座位往往最先被占满。人们大多不想太显眼，所以抢着坐后排。他们之所以这样做就是因为缺乏自信。

坐在前排有助于建立自信。付诸行动吧！从现在起，每次都尽量往前坐，要养成这样的习惯。坐在前排可能确实比较显眼，但切记，成功本就会高调显眼，与众不同。

2. 练习着与他人进行眼神交流。眼睛是一个人心灵的窗户。两个人交谈时，如果对方没有看着我们的眼睛，出于本能反应，我们会疑惑："他想隐藏什么吗？他害怕什么呢？他想要骗我吗？他想瞒我什么呢？"

一般来说，不敢与人对视有两种可能。一是，"在你身边，我觉得自己很渺小，我觉得不如你。我害怕你。"二是，"我觉得有罪恶感。我不想让你知道我做过的事，或者我不想让你知道我的想法。如果我看着你的眼睛，我害怕你会看穿我。"

如果你躲躲闪闪，不敢与别人对视，就会传递出这样的信号："我害怕。我缺乏自信。"这样对你有百害而无一利。看着别人的眼睛，你可以战胜这种恐惧。

敢于直视对方，等于告诉人们："我很诚实，做事光明磊落。我说的都是肺腑之言。我不害怕。我很自信。"

让你的注视成为你成功路上的帮手。双眼直视对方，你会更为自信，而且能够赢得他人的信任。

3 **将走路速度提高25%。**在我小时候，去郡政府是我的一大乐事。干完正事，坐到车里后，妈妈会说："大卫，咱们再稍微坐一会儿，看看人们是怎么走路的。"

妈妈玩这个游戏玩得特别棒。她会说："你看这个人，你觉得他遇到什么麻烦了呢？"或者"你觉得这位女士准备去干什么呢？"或者"看看那个人，他好像不知所措的样子。"

我们就这样看着人们走来走去，观察他们的走路方式。这个游戏不但有趣，而且比看电影便宜多了（后来我才知道，妈妈就是为了省钱，才发明了这个游戏）。不过，我从这个游戏中学到了很多东西。

时至今日，我依然喜欢观察人们的走路方式。有时在走廊，有时在大厅，有时在人行横道上，我经常发现自己会不由自主地观察人们的走路方式，以此研究他们的行为模式。

心理学家认为，如果一个人站姿懒散，走路迟缓，那他对工作、对自己、对他人都会采取消极的态度。但是心理学家也认为，通过改变站姿，改变行走的速度，可以改变一个人的态度。仔细观察一下人们的走路方式，你就会发现，其实一个人的举止是由其思想来支配的。那些筋疲力尽、一蹶不振的人，往往走路拖沓，跌跌撞撞，全无自信可言。

普通人的走路方式和走路速度也很普通。他们的脸上写满了"我觉得自己平凡无奇"的表情。

此外，还有第三种人。他们超级自信。他们比普通人走得快，走路的时候有跳跃的感觉，好像想告诉全世界："我要去某个重要的地方，我有很重要的事情去做。就剩15分钟了。再有15分钟，我就成功了。"

使用这个技巧吧！挺胸，昂头，把步伐加快25%，用心去感受，你会越来越自信。

你不妨试试看。

4. **勇于当众表达观点**。我和大大小小的很多团队打过交道，我发现很多人能力超群，观点犀利，但讨论的时候就是一言不发。倒不是他们不想参与，也不是他们不想与别人辩论，他们只不过是缺乏自信。

这些"沉默的羔羊"心里想："我的观点可能没什么价值。如果我说出来，会显得我太愚蠢，还是别说了吧。再说了，还有其他人呢。他们可能比我更加博学，我才不想让他们觉得我很无知呢。"

他越不表达，就越觉得自己能力差，越觉得自己不如人。他经常暗下决心（但内心深处知道自己做不到）：下次吧！下次我一定要发言！

这一点很重要：他没能大声表达自己观点的次数越多，中毒就越深，自信就越受损。结果，他越来越不自信。

相反，当众发言的次数越多，就越有自信，下次就越容易开口。要勇于当众表达自己的观点。这是建立自信的强心剂。

请付诸实践吧。把当众发言变成一种习惯。不管是公司的业务会议、委员会，还是社区讨论，只要是公开场合，都主动发言！你可以评论，可以提出建议，也可以问问题。不要总等着教会，尝试着做那个破冰之人吧！

不要担心有人会觉得你很蠢。不会的。即使有人反对你的观点，也肯定会有人站在你这边。不要再犹豫不决，别老是纠结于"我到底该不该说"。

要努力吸引讨论时主持人的注意力，这样你才有机会发言。

如果想训练你的演讲技巧，还想试试身手，可以加入当地的训练班、演讲俱乐部。很多人原本不善言谈，经过培训后，重拾自信，现在不管是演讲，还是与人交谈，都能游刃有余。

5. 真诚地微笑。人们常说，感觉没有自信的时候，就微笑吧！微笑是最好的武器，可以让你更加自信。很多人不相信微笑具有如此神奇的力量，这是因为他们恐惧的时候，从来没有尝试过微笑。

做个小实验吧。试着在微笑的同时，想象自己落败了。你肯定做不到。真诚地微笑会让你充满自信，让失败无所遁形。微笑可以化解焦虑与沉闷。

真诚的微笑不但能够平息怒气，而且可以消融别人对你的敌意。效果明显，立竿见影。如果你对别人真诚地微笑，他们怎么可能再生你的气呢？那天，我就碰到了这样一件事，完美地诠释了这一点。当时，我在一个十字路口停车等绿灯，突然听到乓的一声。估计我后面的司机把油门当刹车，撞上了我的后保险杠。我从后视镜里看到他下了车。我也走下车，当时我早把各种规则抛在了脑后，就准备和他吵上一架。我承认，我当时真想把他骂个狗血淋头。

但是，很幸运，我还没来得及开口，他走上前来，微笑着，用非常真诚的口吻对我说："伙计，真的是太抱歉了。"他的笑容，再加上他真诚的话语，瞬间把我的怒气融化了。我嘟囔了一句："没事，常有的事。"一眨眼的功夫，我对他的敌意变成了友好。

真诚地微笑吧！你会觉得"今天又是开心的一天。"如果是皮笑肉不笑，那就难说了。微笑的时候，一定要把牙齿露出来。大大的微笑才管用。

人们总说：你说得对，但是当我恐惧、生气的时候，我就是笑不出来。

这很自然。大家都一样。关键是要强迫自己去微笑。

那么，微笑。

使用微笑的力量。

快速小结

1. **行动可以治愈恐惧。**仔细分析恐惧的原因，然后采取建设性的行动。不作为，不采取任何行动，恐惧会加剧，信心将被摧毁。

2. **尽最大的努力，只记住那些愉快的经历和积极的想法。**不要让消极、自我贬低的想法发展成思想怪物。坚决不要回忆那些不愉快的事情。

3. **要正确看待他人。**记住，你我间的共同点远远多于差异。要平等地看待别人。别人也一样是人。要理解他人。脾气不好的人很多，但坏人只占极少数。

4. **做事要对得起自己的良心。**这样的话，你就不会有负罪感，心灵就不会受到毒害。堂堂正正做事，这才是成功的法则。

5. **让自己浑身上下都洋溢着自信的光芒。**你可以在日常生活中运用下面五个小技巧。

坐在前排。

与别人进行眼神交流。

把走路速度加快25%。

勇于当众表达自己的观点。

真诚地微笑。

The MAGIC of Thinking Big

第四章

大思想可以创造神奇

最近，我和一家大型企业集团的招聘专员聊了会儿天。她每年花整整4个月的时间，走访各所大学，招聘应届毕业生参加管培生项目。从她的话语中，我能听出，大多数人的态度让她很失望。

"一般，我一天会面试8到12个学生，他们的成绩都排在班级前1/3，而且都表示有兴趣加入我们公司。在初试中，我们主要考察各位应聘者的个人动机。我们需要判断在几年后他/她能否独当一面，能否独立负责大型项目，能否独立管理分厂或分公司，或者，能不能为公司做出其他方面的贡献。

"我不得不说，大多数应聘者目光短浅，让我觉得挺失望的。"她继续说道，"估计说出来你都不敢相信。这些孩子们不过二十一二岁，可他们最感兴趣的竟然是退休待遇！其次就是'会不会经常调动？'好像对于他们来说，稳定就是成功的代名词。我们怎么放心把公司交给这些人呢？我们怎么可能冒这样的风险呢？

"我一点都不明白，现在的年轻人怎么变得这么保守呢？为什么会如此鼠目寸光呢？当下，科技不断进步，经济持续发展，人口迅速增长，美国正在发生日新月异的变化，遍地都是机会，这是以前从来都没有过的！现在，美国空前繁荣，超过了以往任何时代！"

目光短浅的人这么多，这意味着，竞争的人就少了，那些高回报的职位反而更容易争取。

成功与否，与高矮胖瘦、受教育程度、家庭背景无关，只与思想的广度有关。一个人思维的大小决定其成功程度。现在，我们来探讨一下如何扩展我们的思维。

你有没有问过自己"我最大的弱点是什么？"也许人类最大的弱点就是妄自菲薄，换句话说，就是太低估自己。自我贬低有很多表现形式。比如，约翰看到一则招聘广告，正是他梦寐以求的工作，但他没有采取任何行动，因为他觉得"我根本不够格，为什么要白费劲呢？"吉姆想约琼出去，但他不敢给她打电话，因为他觉得自己配不上她。

汤姆清楚理查德先生是位非常理想的潜在客户，但他没给他打电话，因为他觉得理查德先生是个大人物，地位相差太悬殊。皮特正在填工作申请表，上面有个问题是"你希望拿到多少起薪？"皮特写下了一个不高不低的数字。其实，他的期望值不只这么多，但他觉得自己不值那么高的工资。

几千年来，哲学家总是教育我们，要认清自己。然后，人们大多误解了哲学家的意思，将其理解为：要认清自身的不足。所以，人们在进行自我评价时，往往会提到自己的种种缺点、错误和不足。

认清自身的不足本没有错，只有这样，我们才可以不断改进。可是，如果我们只看到自己不好的一面，就相当于总是在做消极的自我暗示，对自身评价有失偏颇，从而低估自己真正的价值。

下面这两个练习可以帮助你衡量出自己真正的价值。我给经理人和销售人员做培训的时候，经常让他们做这个练习，非常管用。

1. 确定自己最重要的五项资产。你可以请一位评价比较客观的朋友来帮你，可以是你的妻子、长辈、老师等。总之，这个人必须能够给你提出中肯的建议。（人们列出的资产通常包括教育、经验、技术、外貌、和睦的家庭、态度、个性、进取心。）

2. 接下来，在每项资产下面写下三个人的名字。这三个人必须满足三个条件。第一，你必须认识；第二，他们在这方面不如你；第三，他们远比你成功得多。

做完这个练习后，你会发现，与很多成功人士相比，你至少在某一方面比他们强。

通过这个练习，你只能得出这样的结论：你比自己想象的要优秀得多。所以，扩展你的思维吧！让思维与你真实的能力相匹配。绝对，绝对不要低估自己。

○ 拥有大思想的人，善用积极、光明词汇

有些人放着"坚定不移"、"打情骂俏"这些常用词不用，故意用些"坚若磐石"、"戏谑挑逗"这样的高深词语。可是，这不过说明他们的词汇量比较大，难道就能说明他们会使用大思想来思考吗？不一定。有些人故意用些晦涩难懂的话，害得别人绞尽脑汁仍不解其意。这些人往往是些自命不凡、妄自尊大之辈，他们的思维往往很狭隘。

一个人词汇量的大小不在于他可以使用多少单词，而在于他的话对自己、对别人有没有影响力。

首先我们必须要弄清楚一个基本事实：人类并不是用词语和句子来思考的，而是用图像和画面来思考的。词句只是思想的原材料。在我们说话

写字的时候，大脑会自动把这些词语和句子转换为图片。多么神奇啊！不同的词语和句子会引发不同的联想。如果别人说"吉姆买了套复式新房。"在你的大脑中会形成一个画面。如果别人说"吉姆买了间乡间别墅。"，在你大脑中形成的是另一个画面。我们使用的词语不同，叫法不同，描述方法不同，在大脑中形成的画面就不同。

我们可以这样来看。一个人说话或者写字，就像是用投影仪在别人的大脑中播放影片，播放的画面不同，自己和他人做出的反应就不同。

假如你告诉大伙"我很抱歉地告诉诸位，我们失败了"，他们的大脑中会形成什么画面呢？他们会看到失败，并由"失败"联想到失望和痛苦。假如你换个方式，告诉大家"有另外一种办法，可以让我们反败为胜"，他们定会倍受鼓舞，做好再次尝试的准备。

假如你说"我们碰到了个难题"，大家脑海中立刻会浮现出问题棘手难缠、令人不快的画面。如果你说"我们将迎接一次新的挑战"，大家脑海中出现的将是一幅刺激有趣、令人愉悦的画面。

再举一个例子。假如你说"这次开销比较大"，大家会觉得钱都花光了，都打了水漂，感觉特别不舒服。你可以换个角度说"我们做了一大笔投资"，人们则会觉得日后有回报，未来充满了希望。

所以说，拥有大思想的人，擅长营造一种积极向上的乐观景象，既能影响自己，又能影响他人。要想拥有大思想，首先我们要正确选择词汇，只使用那些能够开阔心胸、积极向上的词汇。

下面我们举了一些例子，左侧的说法会让你感觉狭隘、消极和压抑；而同样的情况，右侧的说法会让你乐观积极。

在阅读时，注意自己大脑中会形成什么样的画面。

产生狭隘、消极的思维图像的说法	产生积极向上的思维图像的说法
1. 根本没用，我们完了。	我们还有希望。我们再试一试。也许我们可以从这个角度再试试。
2. 我干过那一行，一败涂地。我这辈子也不想再尝试了。	我破产了，不过，这完全是我自己的错。我还想再试一下。
3. 我尝试过了，但产品就是不畅销，就是没人买。	虽然目前我还没把这种产品推销出去，不过，我知道这种产品不错，我肯定能找到好办法渡过难关。
4. 市场已经饱和了。想象一下！75%的市场已经为人占据。最好还是退出市场吧。	想象一下，还有25%的市场呢！算我一个！市场前景太诱人了！
5. 他们订货是一直不多，和他们解约吧。	他们订的货一直不多。让我们想想办法，劝他们多订一些。
6. 5年后能成为公司高管？时间太久了！别把我算在内啊！	5年时间并不长。想想看，如果花5年的时间我就能进入公司高层，我就能身居高位30年呢！
7. 竞争对手的优势太明显了。我怎可匹敌？	竞争对手的优势的确非常明显。我们并不否认这一点。不过，谁都会有不足之处，让我们齐心协力，想办法超过他们。
8. 肯定没人要这种产品。	以产品目前的状况，可能真卖不掉。咱们把产品改进一下吧。
9. 咱们还是等等吧。等熊市了，我们再抄底吧。	咱们现在就买吧。买涨不买跌嘛！
10. 我太老（年轻）了。不适合做这份工作。	我最大的优势就是年轻（年长）。
11. 没用的。我告诉你为什么。	一定行。让我证明给你看。
这些说法会令人在脑海中形成一种阴暗、压抑、失望、难过、失败的画面。	这些说法会令人在脑海中形成一种光明、充满希望、成功、快乐、胜利的画面。

日常工作生活中要积累、常用"大思想"词汇

1. **使用积极快乐的词汇来形容你的感受。** 如果有人问你"今天过得怎么样？"，你回答说"我觉得很累，头疼。真希望今天是周六。感觉不太好。"，那么，你会感觉更糟。试着换个角度吧。如果有人问你"你好吗？""你今天过得怎么样？"，你都要回答"非常好。谢谢，你怎么样呢？"，或者"不错"，"非常不错"。抓住每次机会，大声说"我感觉好极了！"，你真的会慢慢感觉不错。日复一日，人们会觉得你充满了正能量，你的朋友会越来越多。

2. **用光明、愉悦、赞许的词语来形容他人。** 提到朋友或同事的时候，一定要用大度、正面的词语，要养成这样的好习惯。和其他人谈论不在场的第三者的时候，一定要用真诚的话语来赞美他。"他这个人真心不错。""他们说他工作非常出色。"千万要谨慎，不要在背后说人坏话。那么迟早会知道你说的话，小心到时候自食其果。

3. **用温暖的话语来鼓励他人。** 只要有机会，一定要赞美他人。人人都渴望赞美。每天都赞美一下你的爱人吧。仔细观察同事们，赞美他们。真诚地赞美他人可以助你成功。赞美吧，不断地赞美别人！不管是外表，还是工作，不管是成就，还是家庭，千万不要吝啬你的赞誉之辞。

4. **使用积极正面的语言来介绍计划。** 如果人们听到"告诉你们个好消息。我们遇到了千载难逢的机会……"，大家一定会眼前一亮。如果他们听到"不管愿不愿意，这已经是板上钉钉的事情，我们必须得做，逃不掉。"，人们将感到一片灰暗。对于不同的说法，人们会有不同的反应。告诉他们，成功指日可待，让他们眼前一亮吧！告诉他们，胜利就在眼前，赢得他们的支持吧！要建造城堡，不要挖掘坟墓。

○ 为自己、为他人增值，可以超越现在，看到未来

拥有大思想的人，可以超越现在（"现在怎么样"），看到未来（"未来会怎么样"）。下面我举四个例子来说明。

1 不动产真正的价值是什么？ 有一位房产经纪人，专门推销乡下房产，做得非常成功。从他身上，我们可以学习如何从一无所有中看到无限的可能性，如果我们能努力训练自己，那成功不会遥遥无期。

"乡下的房产，"这位朋友说道，"大多荒芜萧条，毫无吸引力。我之所以能够成功，就是因为我向顾客推销的，并不是现在的农场。

"我的整个营销计划都是围绕着未来的农场展开的。如果只告诉顾客'农场有多少亩河滩地，有多少亩树林，离城镇有多远'，他肯定没多大兴趣，肯定没有购买的欲望。但是，如果你制定出具体的改善计划，那他就很容易动心。我给你举个例子。"

他打开公文包，取出一沓文件。"这个农场，"他说，"刚刚委托给我们销售。和其他农场差不多。离城市中心43英里远，房子破得不像样子，已经荒废了5年之久。我做了哪些事情呢？上周我在农场整整呆了两天，做实地考察，研究这个农场的潜力。我来回在农场走了几遍，仔细观察附近的农场，已经通车的高速公路，还有待建的高速公路。我不断问我自己：'这个农场能用来做什么呢？'

"我提出了三套方案。材料都在这儿了。"他把文件递给了我。各个方案都打印得整整齐齐的，内容很全面。其中一个方案是将农场改造成马场。他还列出了改造原因：城市不断扩张，人们更加热爱户外运动，人们更加富足，愿意花更多钱来休闲娱乐，交通便利等等。同时，他还估算出农场

可以养多少匹马，收入看起来非常可观。整个计划做得详细周密，有说服力。连我都几乎被说动了，我好像已经看到成群结队的伴侣们在林中策马驰骋了。

这位经纪人善于创新，他还提出了两个方案：林场，以及兼备林场和养殖场的混合农场。

"所以，向顾客介绍农场的时候，我不须费多大劲，就能让他们看出农场的潜在经济效益。我帮他们看到了农场的未来，看到了财源滚滚的产业。

除了销量大，销售速度快以外，我的销售方法还有一个好处。我经手的农场都能卖个好价钱。这点不难理解，从我手里，他们不光买了农场，还买到了改造方案，价格肯定更高些。所以，越来越多的业主把农场委托给我销售，我赚得佣金也多。"

从这个例子中，我们可以学到：不要将眼光局限于事情现在的样子，要看到未来的可能性。可行的愿景更有价值。拥有大思想的人不会拘泥于现在，他们总会想得长远，善于规划未来。

2. **一个客户的价值有多大？** 在一次销售经理大会上，一位商场经理说道："也许我确实比较古板，但我笃信，吸引回头客最好的办法是为他们提供友好、礼貌的服务。有一天，我竟然听到一位售货员和顾客争执，最后那位顾客怒气冲冲地走了。

"把顾客气走后，我听到他向另外一个店员抱怨：'不就是买一块九毛八的东西嘛！我才懒得在他身上花那么长时间呢！我可不想翻箱倒柜地给他找东西。他根本就不值。'

"我当时直接走开了，"这位经理继续说道，"不过，那位店员的话一直在我脑海中回荡。我想，我们的店员竟然说顾客不值一块九毛八，这种想法错得太离谱了。我当时就下定决心，一定要改变这种思维方式。回到办公室后，我立刻把科研部主管找来，让他帮我算一下每位顾客的年平均消费额。他算出来的数字把我吓了一跳。据仔细测算，每位顾客的年平均消费额高达362美元。

接下来，我召集所有管理人员开了个会，通报了这件事情，并且向他们展示了一位顾客到底能带来多大的价值。他们终于明白，顾客的价值不能用单笔消费来衡量，而要用年消费额来衡量。之后，我们的客户服务水平大为改善。"

这位商场经理的话在各个企业都适用。真正赚钱的是回头生意。通常，在头几次交易中利润并不大。不要只看消费者今天消费了多少，要看他们未来的消费潜力。

看重顾客，他们就会成为大方的常客。轻视顾客，就会把生意拱手让人。我的一个学生就有过类似的经历，他告诉我为什么他打死都不去一家饭店吃饭。

"有一天，"他说道，"我决定去一家刚开业几个星期的餐厅吃午饭。当时，我口袋里没多少钱，所以非常节省，买东西的时候，会仔细看好价钱再买。在肉菜区，我看到了一盘带调料的火鸡，看起来味道不错，标价很清楚，39美分。

我去结账的时候，收银员看了看我的盘子，说我消费了一块零九分。因为我自己算的是99美分，所以，我非常礼貌地请她重新算一下。她狠狠地看了我一眼，重新算了一下。原来问题出在那份火鸡上。她收了我49美分，多算10美分。然后，我就让她看了一下价签，上面写着39美分。

她一下子就火了，朝我吼道：'我不管价签上是怎么写的，这盘菜就

是49美分。你看，今天给我的报价单就是这么写的。他们肯定是贴错价签了。反正我不管，你就得照49美分付。'

我试图向她解释：我之所以吃火鸡，就是因为价格是39美分，要是49美分，我肯定就吃别的东西了。

听了我的解释，她根本不为所动，坚持要我付49美分。我没再和她纠缠，付了钱了事，因为我不想站在那里，被别人看笑话。可是，我当时就决定，我以后再也不去那家饭店吃饭了。我一年到头吃午饭要花250美元，他们绝对一分也赚不到。"

这就是典型的缺乏远见。收银员眼中只看到了10美分，却看不到250美元。

3. **没有远见的送奶工。**很奇怪，很多人对未来的可能性竟然会无视到这种程度。几年前，有位年轻的送奶工来我家推销牛奶。我说我们已经订奶了，觉得挺满意的，暂时没有换牌子的打算。然后，我建议他到隔壁试试。

他回答道："我已经见过隔壁那家的女主人了。可他们每隔一天才订一夸特的牛奶，太少了，不值得我专程上门去送。"

"现在可能是这样，"我说，"可是和她说话的时候，你有没有注意到再过一两个月，她就要生宝宝了？到时候，她家要用好多牛奶呢。"

年轻人呆住了，好像被雷击了一样，过了好一会儿，他才说："我怎么没想到呢？！"

现在那家人每两天就要喝掉七夸特的牛奶。他们的大儿子，如今已经有了两个弟弟，一个妹妹，很快他又要有一个小弟弟或小妹妹了。只能说，给他们送奶的人倒是挺有远见的。

有时候，我们是多么的短视啊！因此不要只看现在，一定要向前看。

如果学校的老师只看到吉姆举止粗鲁、迟钝、笨拙，只把他当作乳臭未干的小孩子对待，对吉姆的发展没有一点好处。但是，如果老师不只看到吉姆现在的样子，而且能看到他未来的发展潜力，则肯定可以帮他成才。

很多人开车经过平民窟，只看到一群烂醉如泥、潦倒失意、无药可救的酒鬼，而少数真正想拯救这些酒鬼的人们，看到的则是一个个可以脱胎换骨的市民。因为他们从中看到了希望，所以，他们才可能救人于水火。

4. **什么决定了你的价值？** 几周前，在一次培训结束后，有个年轻人跑过来，问我有没有时间和他单独聊几分钟。我认识这个年轻人。他出身贫寒，而且刚成年后，就经历了很多不幸。此外，我知道，他现在非常努力，想打拼出一番属于自己的天地。

一杯咖啡的工夫，我们就很快把他专业上的问题解决了。然后，我们开始讨论，一个身无长物的人凭什么来展望未来？他的解答很直接，完美地回答了这个问题。

"我现在在银行负责汇率兑换，工资不高，业务也不多。我的银行存款还不到200美元，车已经开了4年，我和妻子现在住在二楼一间小小的公寓里，拥挤不堪。

"但是，教授，"他继续说道，"我对自己有信心，我才不会让困窘的生活阻挡我前进的步伐呢！"

我觉得他的话非常有意思，就让他详细说说。

"是这样的。"他继续说道，"最近我分析了很多人。我发现，成就平平的人们只能看到现在的自己。他们只能看到目前的窘境，看不到未来。

我的邻居就是个很好的例子。他不停地抱怨，工资太低，下水道总是堵塞，别人总是比他运气好，医院的账单越堆越高。他时时刻刻在哭穷，我估计，他肯定觉得自己注定要穷一辈子。从他的一举一动，我觉得他已经认命了，安于一辈子都住在这破破烂烂的公寓里。"

这位朋友说的都是肺腑之言。稍作停顿后，他说："平心而论，我混得也不怎么样。看看我，开着辆旧车，收入这么低，住着廉价的公寓，整天只吃得起汉堡，要是我天天想这些，那我肯定难过死了。我肯定会觉得自己一无是处，而且一辈子将一事无成。

所以，我下定决心要向前看，要看到未来的可能性，看到未来混得不错的自己！我没有把自己当成一个小职员，我把自己当成经理，我看到的不是寒酸的小公寓，而是崭新的郊区别墅。当我这样看待自己的时候，我觉得非常自信，更敢大胆设想了。这种态度很管用，我自己就可以举好多例子来佐证。"

他的计划简直太棒了！他一定会增值，不是吗？这位年轻人正朝着美好的生活飞速前进。他已经掌握了最基本的成功法则：一个人眼下拥有什么并不重要，重要的是他想在未来做出怎样的成就。

我们给自己贴上什么样的价格标签，我们在别人眼中就值多少钱。

做下面的"增值训练"吧。你一定可以突破限制，看到未来的种种可能性。

1. **练习为物品增值。**还记得那个房地产经纪人的故事吗？要经常琢磨"怎么增加这座房子、这块空地、这家公司的价值呢？"不管是什么东西，用途不同，价值就不同。所以，要提出一些想法，让其更有使用价值。

2. **练习为人们增值。**一个人越成功，职位越高，就越应该将员工发展作为其工作重点。"如何让下属提高效率？如何增加他们的价值呢？"记住，要发挥一个人的潜能，前提是要看到他最好的一面。

3. **练习为自己增值。** 每天都要审视自己，思考这些问题："今天我可以做点什么来增加自身的价值呢？"不要只看到现在的自己，想象一下自己的发展潜能，你自然就能想到办法。试试看吧！

○ 有大思想的人，把公司的事情当作自己的事情

有家中型印刷厂，大约有60位员工，其创办人告诉了我他是如何挑选接班人的。

"5年前，"我的朋友说，"厂里财务部主管一职空缺，我就雇了一个叫哈里的会计，除了财务，他还主管办公室工作。哈里当时只有26岁。资料显示，他完全不懂印刷，不过对财务很在行。一年半前，我退休的时候，哈里接了我的班，被任命为董事长兼总经理。"

"现在回想起来，哈里有一个出类拔萃的特点。哈里对公司的各个业务都特别感兴趣，而且非常积极主动。他不只是记记账，写写支票。不管是谁，只要需要帮忙，他立马主动跑过去帮忙。

"哈里刚来的那年，公司流失了好几个重要员工。哈里来找我，提出了一个福利待遇方案，有效减少了人员流失，同时成本也没有显著的增加。

"哈里的贡献不只于此。他为财务部以及公司其他部门出了很多好点子。他替生产部做了详细的成本研究，说服我投资3万美元购买了新机器，性价比非常高。有一段时间，产品销量锐减，哈里主动找到营销经理请缨：'虽然我不太懂营销，但让我试着帮帮你吧！'这是他的原话。他又做到了！他想出了好几个办法，提高了销量。

"哈里还主动帮助新进员工熟悉环境，尽快适应工作。哈里对公司整体

运营情况具有浓厚的兴趣。

"所以，我就选了哈里做接班人，再合理不过了。

"但是，千万不要误会我的意思，"他继续说道，"哈里并不是故意在我面前表现，也不是爱多管闲事。他非常积极主动，而且从来没有不正当的行为。他从来不在背后说三道四，也没有到处指手画脚。他只不过是非常热心，主动帮助别人。哈里真心关心公司，把公司的事当成了自己的事。"

我们都应该从哈里身上学到宝贵的一课。"我只做分内的事情，那就够了"这种态度过于消极狭隘。有大思想的人不同。他们把自己当作是团队的一员，和团队同进退，共荣辱。他们不会只想着个人成败。不管现时有没有回报和奖励，只要能帮得上忙，他们一定会尽心尽力。有的人事不关己高高挂起，碰到别人的事，总觉得"哼，那与我无关，各人自扫门前雪，莫管他人瓦上霜。"有这种态度的员工肯定不会被提拔。

开始学着拓宽你的思维吧！把公司的事情当作自己的事情。即使是在大公司，真正无私地为公司着想的人也没几个。当然，真正有大思想的人也寥寥无几。不过，也正是这些极少数，最终被委以重任，成为人生大赢家。

○ 专注于重要的事，不要纠结于细枝末节

而有很多人，虽然非常有潜力，但是就因为他们纠结于一些微不足道、琐碎、细枝末节的事情，结果只能原地踏步。下面让我们看四个例子。

1. 如何才能做一场精彩的演讲？

人人都梦想着能够在公共场合滔滔不绝地演讲。可是，实际上，大部

分人都不擅于在公共场合讲话。

为什么呢？原因很简单。大多数人都太过在意那些无关紧要的小事，也就是那些所谓的演讲技巧，而忽视了真正重要的东西。准备演讲的时候，人们往往会不断提醒自己："我一定要记得把背挺直。""不要在台上走动，不要使用过多手势。""千万不要让观众注意到我在看笔记。""记住，千万不要犯语法错误，主谓语一定要分清。""领结千万别打歪。""说话的时候，声音要洪亮，但又不能太高。"

所以，他在演讲的时候，情况会怎样呢？他被种种限制所束缚，一直战战兢兢的，不时地走神，不停地想"我没犯什么错误吧？"总而言之，这注定是一次失败的演讲。究其原因，是因为他过于关注细枝末节，反而将真正重要的东西给忽略了。一个优秀的演说家必须具备很多品质，但最重要的是他演讲的内容，是他与他人分享的强烈愿望。

演讲的时候，是不是站得笔直，有没有犯语法错误一点都不重要。相反，最重要的是，听众有没有听懂。即使很多一流的演讲者演讲时也都会有这样那样的小瑕疵，有的甚至有非常奇怪的口音。传统的演讲培训往往是各种说教，"不要这样，不要那样"，美国许多最炙手可热的演讲者往往对这种方法嗤之以鼻。

所有成功的演讲者都有一个共同之处：他们都有想法，都想与别人分享自己的观点。

别过于担心那些细枝末节，这样演讲才可能成功。

2. 争执的原因是什么？

你有没有想过，一般争执是怎么开始的呢？99%的争执源于一些不重要的小事。比如，约翰感觉很累，心情不太好，回家后，晚餐又不太合他的口味，他就皱起眉，抱怨了几句。琼的一天也不好过，所以她就反唇相讥："巧妇难为无米之炊，你就给我那么一点钱，能指望我做什么好饭？"或者"你给我买个新炉灶呀！你又不买，那就别怪我饭做得不好吃。"约翰觉得琼是在侮辱他，觉得很没有面子，于是回击道："这和钱多钱少有什么关系！还不是怪你不会过日子。"

就这样，他们就吵了起来。双方亲戚的不当言行，夫妻生活的困扰，钱的问题，结婚前双方的承诺，结婚后的承诺等各种陈芝麻烂谷子的事情都被翻了出来，以至于吵完架，双方都气得要死，闹得特别僵。这次争执其实什么问题也解决不了，只不过会给下次争吵埋下伏笔、提供素材罢了。争吵往往源于琐事，都是因为思想过于狭隘。要想减少争执，就要摒弃狭隘的思想。

有一个技巧可以避免不必要的争吵。下次，在你开口抱怨、指责、训斥别人，或者给自己辩解之前，先问问自己"这件事真的重要吗？"大多数情况下，你会意识到这事一点都不重要。然后，一场冲突就避免了。

问问自己："他（她）弄得满身烟味，忘了把牙膏盖拧上，回家晚了一点点，真的重要吗？"

"他（她）浪费了一点钱，或者把几个我不喜欢的人请到家里来，真的重要吗？"

在你采取负面行动前，问问自己"这真的重要吗？"这个问题具有神奇的魔力，可以让家庭氛围更加融洽，让办公环境更为和谐。在你开车回家的路上，如果有人在你前面强行并线，问问这个问题，你就不容易大动肝火。这样的处理办法适合于生活中的方方面面。

3.约翰因为办公室太小而毁了大好前程

几年前，我曾听过这么一件事：一个年轻人本来在广告业颇有前途，就因为分配的办公室不理想，结果把大好前程葬送了。

有4位级别相当的年轻经理，一起搬进了新办公室。有三间办公室的面积一样大，装修也比较好。第四间办公室相对较小，装修也没那么精致。

约翰分到的就是这第四间办公室。他感觉这纯粹是对他人格的侮辱，对他的歧视。他心中充满了憎恨、痛苦与嫉妒，变得越来越消极。约翰觉得一定是自己能力不行。所以，约翰对那三位经理产生了敌对情绪，不但不配合工作，而且还蓄意破坏。事情一发不可收拾。3个月后，约翰做得实在是太过分了，公司没有办法，只能开除他。

约翰太小心眼了，这么小的事情，他怎么就想不通呢？他还没有搞清楚状况，就开始胡思乱想，以为别人在歧视他。他根本没注意到，公司在迅速发展，办公室本来就挺紧张的。他甚至都没有考虑过其他可能性。也许分配办公室的那个人根本就不知道哪间办公室最小。全公司上下，只有他一人把办公室分配当作了衡量自己价值的标准。

对一些不重要的小事纠缠不休，最终受伤的可能是你自己。例如，有的人看到自己的名字排在部门名单的最后面，或者发现自己是第四个看到公司内部备忘录的人，就受不了。要有大思想，别让这些琐事成为成功的绊脚石。

4.就算口吃又怎么样？！

有一位销售经理曾经对我说过，即使是做营销，只要销售员具备真正重要的品质，就算口吃，也不打紧。

"我有个朋友，也是销售经理，他特别爱开玩笑。有时候，玩笑都开过火了。几个月前，有个年轻人给我这位朋友打电话，想在他那里工作。这个年轻人有严重的口吃。我的朋友当即就决定和我开个玩笑。他说他现在不需要新人手，不过他的一个朋友（也就是我）刚好需要人手。然后，他给我打了个电话，把这个年轻人狠狠地夸奖了一番。我根本没起疑心，就说，'那让他来吧！'

30分钟后，那位年轻人来了。他一开口，我就知道我朋友为什么这么"热心"地让他来找我了。'我……我……我是杰……杰……，杰克，'他说，'X先生让我来……来找……找您，说您……您这缺人手。'他每个字都说得特别费劲。我心想'让这个家伙到华尔街把1美元的钞票当90美分卖，估计都够呛。'我挺生我朋友的气，但又觉得这个年轻人挺可怜的，所以，我就想先问他几个问题，然后，想个理由把他打发走。

但是，聊着聊着，我就发现，这个年轻人一点都不笨。他非常聪明。他表现得很得体。不过，我实在没法忽视他口吃的毛病。最后，我决定还是问他一个尖锐的问题：'你凭什么觉得自己适合做销售呢？'

'嗯，'他说，'我善……善……善……于学习。我……我……我……喜欢和人打交道。我……我……我……很看好你们公司。我想……想……想赚钱……钱。虽然我……我……我说话确实有点毛……毛……毛病……病，但……但是我自己都不在意，别人为什么要在……在意呢？'

听了他的回答，我觉得他已经具备了销售人员应该具备的最重要的品质，所以，我当即就决定给他个机会。你知道吗？他表现得非常出色。"

人们普遍认为，做销售就要能说会道。但其实即便是这样的靠嘴吃饭的行业，只要你具备真正重要的品质，口吃都没什么打紧。

摆脱对琐事的纠结，可以从三个方面入手。

1. 把眼光放在大目标上。 有的推销员没拿到订单，回来竟和经理说："虽然我确实没拿到订单，不过，在争论中，我胜了，顾客知道自己错了。"推销的首要目标是把东西卖出去，而不是争论长短。而日常生活中，我们也经常像这些推销员一样，非要争个谁对谁错。

婚姻中最重要的是和睦、幸福和安宁，不是对错，也不是"我早告诉过你。"

工作中，最重要的是激励员工发挥全部潜能，而不是抓住他们犯的小错不放。

邻里相处，最重要的是相互尊重，彼此友好。谁家的狗晚上叫几声又有什么关系？

用军事上的话来说，"不要为了一场战役而输掉整场战争"。也就是说，"不要因小失大。"

把眼光锁定在大事上。

2. "这真的重要吗？"要不时问问自己这个问题。 如果不想为了琐事发火，这是最好的办法。动气前，问问自己"真的重要吗？真的值得我这么激动吗？"如果能这样做，至少可以避免90%的争执。

3. 不要被琐事缠身。 不管是演讲、解决问题，还是与员工讨论，都要关注那些真正重要的东西。不要纠结于那些肤浅的问题，只关注重要的事情。

○ 测试一下你思维的广度

下表对某些情境中的小格局和大思想做了比较。对照一下。然后想一想，哪种思维方式可以帮你实现目标，是前者还是后者？

同样的情况，处理方式完全不同。决定权就在你手中。

场景	鼠目寸光者的处理方式	有大思想者的处理方式
记账本	抠抠搜搜，压缩开支	想办法赚钱
谈话	总说朋友、经济环境、公司以及竞争对手的坏话	总说朋友、公司以及竞争对手的好话
进展	喜欢退让，安于现状	相信进步
未来	前途有限	前途无限，未来一片光明
工作	想办法逃避工作	想办法承担更多的工作，尤其喜欢帮助他人
竞争	与普通人竞争	与顶尖人才竞争
预算	节俭再节俭，想办法减少必要开支	想办法开源增收，购买更多必需品
目标	目标订得低	树立远大的目标
眼界	目光短浅	高瞻远瞩
保障	一心想着要有保障	将各种保障看作是成功的副产品
交往	身边的朋友多是鼠目寸光	身边的朋友大多思维开阔，积极进取
错误	喜欢小题大做	抓大放小

<hr />

快速小结

<hr />

1. **不要低估自己**。自我贬低是一种犯罪，千万要避免。关注你所拥有的资产。你实际上比自己想象的要好得多。

2. **使用大思想者的词汇**。使用积极、光明、快乐的词语，在听众脑海中形成一幅胜利、希望、快乐、幸福的景象。避免使用让人不愉快的词语，不要让听众联想到失败、打击和痛苦。

3. **眼界要开阔**。不局限于现在，要看到未来的可能性。学着增加事物、他人以及自己的价值。

4. **工作中要有全局观**。一定要重视自己现在的工作。日后能否升迁完全取决于你如何看待现在的工作。

5. **思考问题时眼光放长远，不困顿于琐事**。要专注于大目标。在纠缠于一些琐事之前，问问自己："它真的重要吗？"

<hr />

The MAGIC
of Thinking Big

第五章

提高创新思维和创新能力练习

说到创新思维，让我们先澄清一个常见的错误观点。不知为何，人们认为只有科学、工程、艺术和写作才称得上是有创意的职业。多数人认为创造性地思考就是指发明创造，比如发明电、天花疫苗、彩色电视机，或者写小说。

不错，在这些领域取得的成就确实是创新思想的功劳。征服太空也一样。每一个小小的进展都离不开创新思维。但是，创造性思维并不限于某些职业，也并非那些高智商的人所独有。

那么，究竟什么是创新思维呢？举例来说。

有一家人，收入虽然不高，但想办法把儿子送到一流大学读书，这就是创新思维。

街上有块空地，本来人见人嫌，有人把它改造成了美丽的景点。这就是创新思维。

一位牧师想方设法让参加星期日晚上聚会的人数翻番。这也是创新思维。

生活中有很多真实的例子。想办法简化档案管理；成功地向丝毫不感兴趣的客户推销了产品；让孩子们过得既充实又有意义；让员工们真心热爱本职工作；或者避免了一些看似不可避免的争执。这些都是创新思维。

其实，只要能找出新办法，只要能把事情做得更好，都属于创新。不管是在家里，在单位，还是在其他圈子里，要想成功，把事情做得更好是关键。那么，如何培养创新思维？如何不断强化创新能力？我们一起来学习吧！

○ 相信事情能够做到，你的大脑便会帮你找到方法

第一步：相信事情能够做到。不管做什么事，我们首先必须相信自己能把这件事做好。这是基本前提。这样，我们才能开动大脑，找出做事方法。

做培训的时候，我经常举一个例子来说明这一点的重要性。我通常会问学生："有谁认为在三十年后监狱有可能被废除？"

他们一般都不敢相信自己的耳朵，怀疑是不是听错了。他们都觉得我是在胡说八道呢！因此，稍顿片刻后，我会再重复一遍："有谁认为在三十年后有可能废除监狱？"

这下子，他们终于明白我并没有开玩笑。他们立马开始反驳："你的意思是要让那些杀人犯、小偷和强奸犯逍遥法外吗？你明白这意味着什么吗？我们每个人都会陷入危险！监狱绝对少不了！"

其他人也七嘴八舌地议论起来。

"没有了监狱，社会将丧失秩序，陷入混乱。"

"有些人天生就是罪犯。"

"说实话，现在监狱还远远不够。"

"你有没有看今天早上的报纸？又发生了一起谋杀案！"

大家滔滔不绝，言必称监狱必不可少，理由非常充分。有一个人甚至说，必须要有监狱，要不然警察和狱卒哪有事做！

他们讨论了约莫10分钟后，我说："我想声明一下，我提出这个话题，只是为了证明一个观点。

"刚才你们提出了很多不能废除监狱的理由。现在，拜托你们再花几分钟思考一下，假装相信确实能够废除监狱，可以吗？"

终于，他们同意了，愿意试着就这个话题继续讨论下去，有人就说："好吧！就当是为了刺激好玩，我们就再好好想想吧。"接着我问："各位，假设我们能够废除监狱，我们该如何着手呢？"

刚开始，讨论进展比较缓慢。有人迟疑地说："多建些青年中心，或许可以减少犯罪。"

但很快，他们就开始热烈讨论起来，尽管10分钟前，大家还坚决反对这个想法。

"犯罪分子大多来自低收入家庭，所以必须消除贫穷。"

"及时发现有犯罪倾向的人群，可以有效预防犯罪。"

"有些犯罪行为可以通过手术来根治。"

"不断改革，加强对执法者的教育。"

他们总共提出了78条建议。上面列出的只是其中的几条。可见，只要你相信可以做到某件事情，大脑便会找出办法去实现！

本实验证明：如果你认为某件事不可能做成，你的大脑就会想出种种理由，证明这件事确实做不到。相反，如果你真的相信事情可以做成，你的大脑便会帮你找到方法，进而实现目标。

觉得事情做不成的想法具有巨大的破坏性。只有相信事情确实能做成，才可能积极创新，找到解决问题的办法。这个原则放之四海而皆准。如果政治领袖不相信可以在世界范围内实现永久和平，他的创新思维的大门就会紧紧关闭。如果经济学家觉得经济萧条是一种必然，无可避免，那他就不会努力创新，就不会尝试着去打破经济循环周期。

同理，只要你相信，你就能找出一个人的可爱之处。

只要你相信，你就能找出办法来解决个人问题。

只要你相信，买新屋豪宅都不在话下，你肯定能想出办法来。

信念能够激发创新，怀疑则会遏制创新。

先相信，然后，你才能建设性地思考。

只要你愿意，你就一定能想出办法。两年前，一位年轻人恳求我帮他换一份更有前途的工作。他当时在一家邮购公司的信用部工作，还是个小职员。他觉得现在的工作没什么前途。我了解了一下他的个人背景、工作经历和人生目标。我对他说："你渴望进步，渴望承担更大的责任，我很佩服。不过，现在时代不同了。要想换那份工作，你必须要有大学文凭。你不是已经完成了三个学期的学习了吗？我建议你继续学习，先把大学文凭拿到手。你可以上暑期小学期课程，花上两年时间，你肯定能拿到学位。然后，你就能得到梦寐以求的工作了。"

他回答说："我知道大学文凭很有用，不过，我可能没法继续上学了。"

"为什么呢？"我问他。

"首先，我已经24岁了，"他说道，"更重要的是，再有几个月，我太太就要生育第二个孩子了。现在我们已经入不敷出，我实在不敢辞职，所以恐怕没有时间学习。绝对不可能。真的。"

这位年轻人打心眼里觉得自己不可能完成大学学业。

然后我说："如果你觉得不可能上完大学，那肯定就没戏。同理，如果你坚信自己可以拿到大学文凭，你就肯定能想出解决的办法。

　　所以，我建议你先要下定决心，坚定要继续求学的决心。一定要心无旁骛。然后，好好考虑一下怎么才能家庭与学业两不误。你可以先考虑一两个星期。等考虑好了，再来找我，告诉我你想到了什么办法。"

　　两个星期后，这位年轻朋友又来了。

　　"听了你的话，我考虑了很久。"他说，"我已经下定决心，一定要继续深造。我还没有想到周全的办法，但是，我相信我一定会有办法。"

　　后来他果然做到了。

　　他从一个商会申请到了奖学金，这样学杂费就有了着落。他调整了自己的工作时间，腾出时间来上课。他的太太深受他的热情感染，愿意为了美好的未来而全力支持他。全家人齐心协力，缩减开支，合理安排时间，提高办事效率。

　　上个月，他拿到了学位。第二天，他就被一家大公司录用，成了公司的管培生。

　　这就是我们所说的"有志者，事竟成。"

　　首先，我们必须相信能做成那件事，才可能创造性地思考。对此，我有两个建议。

　　第一，把"不可能"从你的字典中清除出去。"不可能"是个失败的字眼。一旦你有了"事情不可能办到"的想法，大脑就会给出一连串的理由，个个都证明你想得对。

　　第二，想一件你谋划已久但总觉得办不到的事情，然后想想你为什么可以把这件事情做好。找张纸，把所有能想到的理由都写下来。我们的愿望实现不了，多半是因为我们老觉得自己肯定做不到。其实，我们应该把精力放在"为什么能做到"上。

○ 打破传统思维定式，常思考如何去"超越过去"

最近，我读了一篇报道。文章指出，美国各州县市划分太密集了。大多数县市是几十年前划定的，当时还没有汽车，出行全靠马车。现在不一样了，路况好，车速快，所以，临近的三四个县市应该合并起来。这样可以大幅减少重复设置的政府服务机构，既可以减轻纳税人的经济负担，又可以为纳税人提供更好的服务。

文章作者写道，他本以为自己想到了一个绝妙的主意，所以他随机采访了30个人，听听他们的看法。结果却大出所料。虽然合并县市后，纳税人可以少纳税，而且可以享受更优质的政府服务，但他们竟然都觉得这个想法没有任何价值。

这就是典型的老脑筋。他们的思想过于僵化，他们总觉得："这种制度已经存在了一百多年，自然有其存在的道理。最好原封不动。何必改变呢？何必冒险呢？"

很多"普通人"憎恨进步。当年就有很多人反对使用汽车。他们反对的理由是：步行、使用马车都是大自然的安排。许多人觉得人类乘坐飞机过于激进了。他们觉得天空是鸟类的领地，人类无权入侵。时至今日，还有很多安于现状、固步自封的人认为人类无权探索太空。

最近，冯·布劳恩（Von Braun）博士，一位著名的导弹专家，提到了一个有趣的观点："人类属于任何他想去的地方。"他的话有力地回击了上述那种观点。

1900年左右，有位销售主管发现了一个所谓的科学营销管理原理，引起了营销界的广泛关注，一度还被写进了教科书。根据这个原理，每种产品都有一种最适合的销售方法。只要找到这种方法，就可以一劳永逸。

幸运的是，公司来了位新领导，及时把公司从财务崩溃的边缘拉了回来。

美国最大的化工企业——杜邦公司的总裁克劳福·格林华特（Crawford H.Greenwalt）在哥伦比亚大学演讲时提到："……做好工作的方法有很多。其实，有多少个人，就能想出多少种好办法。"我们可以把上面这两种思想对比一下。

事实上，不管是装修房子，修剪草坪，做生意，养育孩子，还是烧牛排……做任何事情，都没法说哪种办法最好。只要大脑有创造性，就能想出更好的方法。

寒冰孕育不了生命。如果大脑被传统思想所冰冻，新思想便无法萌芽。赶紧做做下面的测试吧！和别人说说下面的观点，观察一下对方的反应。

1. 邮政长期以来由政府垄断，应该向私企开放。

2. 总统大选4年一次不合理，应该每2年或6年举行一次。

3. 目前，正常营业时间是早9:00至晚5:30，应该改成下午1:00至晚上8:00。

4. 应该把退休年龄推迟到70岁。

这些提议是否正确，是否符合实际，本无关紧要。关键是听到这些建议后，人们会作何反应。如果连想都不想，就一口咬定这些提议实在荒唐可笑（这样的人可能占到了95%），那么他极可能已深受传统观念的麻痹。剩下那5%的人会说："这个想法听起来蛮有意思的，可以再详细解释一下吗？"这些人才真正具有创造性的思维。

在追求个人成功的道路上，传统思想是头号敌人。传统思想会禁锢大脑，阻碍前进，让你不能创新。要战胜这个敌人，有三种方法。

1. **要勇于接受新观念、新想法。** 要坚决摒弃"行不通"、"这做不到"、"这没用"、"这样做太愚蠢"等想法。

我有位朋友，事业有成，已经跻身所属保险公司的高层。他对我说："与同行相比，我觉得自己倒不是特别精明，我只是像块海绵一样，不断学习吸收其他人的想法。在这方面，我自认为无人可以匹敌。"

2. **要敢于尝试。** 要打破固有模式。试试新餐馆，看本新书，看场刚上映的电影，认识一个新朋友；偶尔试着走不同的路径去上班；今年，想点新花样来度假；本周末试着做些不同的事情。

如果你的工作是产品配送，要逐渐培养对生产、财会、金融等企业运营环节的兴趣，这样才可以拓宽思维，你才有机会担当大任。

3. **要进步，不要退步。** 不要觉得"这是我们的一贯做法，应该继续保持"。一定要思考"如何超越过去？"不要向后看，思想不能倒退，一定要向前看，一定要积极进取。你小时候每天5点半起床，辛辛苦苦送报纸、挤牛奶，难道你也想让你的孩子这么辛苦吗？！

以福特汽车公司为例。想想看，如果管理者们认为"今年推出的汽车型号已经很完美了，完全不可能超越。把所有的试验、设计和开发都停下来吧。"，那么即使规模庞大如福特，也绝挡不住迅速衰败的趋势。

○ 不断自省：如何才能做得更好

成功人士、成功企业喜欢不断反思："如何提高工作水平？如何不断改进？"

世上没有完美的东西，大到导弹制造，小到抚养孩子，都不可能完美无瑕。所以，永远有改进的空间。成功人士明白这个道理，他们永远在寻找更好的方法。需要注意的是，成功者从不怀疑"我可以做得更好"，他清楚自己能够不断改善。所以他总在自省："怎样才能做得更好？"

几个月前，我碰到了以前的一个学生。四年前，她才开始做生意，到现在，已经开了4家五金店。想当初，这个女孩子年轻轻轻，经验不足，只有3500美元的本钱，行业竞争那么激烈，她能取得现在的成绩真是了不起！

第4家店开张后不久，我去她那道贺。

我委婉地问她，别人维持一家店都勉勉强强，她怎么能同时经营3家店，还能不断扩张呢？

她回答说："事实上，我工作十分辛苦。不过，每天起得再早，做得再晚，工作再辛苦，都不是主要原因。现在谁不辛苦呢？之所以能连续开4家店，我觉得主要是因为我自创了一套每周改进计划。"

"每周改进计划？听起来怪吸引人的，那是怎么回事呢？"我问。

"其实一点都不复杂，"她继续说道，"就是我每周都做个改进计划，不断改善经营。

为了抓住重点，我把工作分为4个要素：顾客、员工、商品和促销。在头一个星期，我会随时随地把一些有用的想法记下来。

然后，每周一晚上，我都腾出4个小时的时间，把记下来的所有想法都回顾一遍，挑出切实可行的，然后制定出具体的方案。

在这4个小时里，我强迫自己集中精力，专心思考经营的事。顾客不会平白无故就总来光顾。所以，我要不断地思考：怎么做才能吸引更多顾客？怎么才能把他们变成常客呢？"

她谈到了在头3间店用过的一些小创意，例如，改变东西的摆放方式，推销时用建议的语气，更容易打动顾客。使用这种技巧后，2/3的顾客本来并没有买东西的打算，最后却满载而归；有段时间，许多常客因为罢工而失业，她专门为他们提供了赊账服务；在淡季，她组织了一次销售竞赛。这些小小的创意，都提高了销量。

她说："我经常问自己：怎样才能增加商品的吸引力？我经常能想到一些好办法。举个例子来说。4个星期前，我突然想到，我应该想办法把小孩子吸引到店里来。我想，如果我能把小孩子吸引进来，父母们一定会跟着进来。经过反复琢磨，我终于想到了一个好点子。我摆了一排适合4至8岁孩子玩的小毛绒玩具。这个点子果然有用！这些玩具不但占的空间小，利润大，而且，更重要的是，这些玩具增加了店铺的人流量。"

"真的，"她继续说道，"这个每周改进计划非常管用。必须要反复琢磨'还可以怎么改进？'这个问题，才能找到答案。所以，每周一晚上，我都能想出些点子和办法，让损益表看起来更漂亮些。

此外，我还发现了一个成功秘诀，我想对每位创业者来说都至关重要。"

"是什么呢？"我问她。

"在事业刚起步的时候，你是不是行家并不重要，重要的是你在开门做生意的过程中，有没有不断学习，并不断实践。"

要想取得巨大的成功，人们就要不断为自己、为他人设定更高的标准，就要不断提高效率，降低成本，增加产出。真正的成功属于那些相信自己能够精益求精的人。

通用电气公司有一句口号：我们最重要的产品是"进步"。这句话非常符合大思想的思维方式。

为什么不让进步成为你最重要的产品呢？

"我能精益求精"这种信念具有神奇的力量。不断思考如何能够精益求精，就能激发创造力，自然就能想出办法。

想培养精益求精的态度和能力吗？坚持做下面的练习吧。

每天开始工作前，花10分钟来思考。今天，我怎么能把工作做得更好？今天我该怎么激励员工？我能为顾客提供什么特殊服务？如何提高工作效率？

这项练习虽简单，效果却很明显。试试看吧，你会发现自己的创造力无限，各种办法层出不穷，更大的成功也唾手可得。

○ 能力是一种思维状态

我和太太与其他夫妇聚会的时候，经常会讨论"妻子要不要上班"这个话题。S太太结婚前工作过好几年，当时她挺喜欢工作的。

后来她做了全职太太。她总说："现在，两个孩子在上学，家里都要打理，还要准备一日三餐。哪有时间去工作啊！"

天有不测风云，某个星期天下午，S先生、S太太和孩子们出了车祸。S太太和孩子们只受了点轻伤，但是S先生的背部受了重伤，导致终生残疾。所以，S太太别无选择，只能出去工作。

几个月后，我们又见到了她，她现在工作家庭两头忙，但竟然安排得井井有条，我们都觉得不可思议。

"你知道吗？"她说，"6个月前，我做梦都不敢相信，我竟然能一边打理家，一边做全职工作。出了车祸以后，我知道我必须要把时间挤出来。真的，我现在的工作效率超级高。我发现，之前做的很多事情其实都可以省掉。我还发现，其实孩子们能帮很多忙，而且他们也愿意帮我干活。我少逛点商店，少看点电视，少打点电话，少消磨点时间，就把时间都省下来了。"

S太太的故事告诉我们：能力是一种思维状态。我们能做多少事情，取决于我们觉得自己能做多少。只要你真的相信自己还能承担更多工作，你的大脑便会创造性地思考，帮你想出办法来。

关于工作能力，一位年轻的银行主管给我讲过他的一段亲身经历。

"我们银行有一位主管，突然提出辞职，这给部门出了个大难题。他主管的工作特别重要，不可能拖延，更不可能搁置。

在他离职的第二天，主管我们部门的副总裁把我叫到办公室。他说，他已经和部门的另外两位同事一一谈过了，问他们能不能在找到合适的接班人前先顶替一下。副总裁说，'他们两个虽然没有直截了当地拒绝，不过，他们都说自己的工作量已经饱和，手头的事堆得满满的'。副总裁问我能不能暂时多承担一些工作。

工作这么多年来，我明白，这种事情其实是个机会，要是拒绝，对自己没有任何好处。所以，我同意了，答应将尽量兼顾，保证在做好本职工作的同时，处理好增加的业务。副总裁对此很满意。

走出副总裁的办公室后，我立刻感觉压力山大。其实，我和他们一样，都挺忙的。但是，我下定决心一定要想办法同时把两份工作做好。那天下午下班后，我等着同事们都走了，就坐下来，开始思考如何提高自己的工作效率。我拿出一支铅笔，把所有能想到的都写了下来。

我想出了一些好主意，比如：我和秘书商量好，每天在固定的时间内接打电话；开会时间由15分钟缩短到10分钟；一天布置一次任务。而且，我还发现，其实秘书愿意也有能力帮我做一些费时间的琐事。

工作两年多了，坦率地讲，时至今日，我才发现，原来我以前效率竟然如此低下！竟然做了那么多没用的事情！

在一个星期内，我口授的信件是以前的两倍，处理的电话比之前多50%，开的会也比以前多了一半，我竟然发现自己依然游刃有余。

几个星期后，副总裁再次约见了我。他对我的工作大加赞赏。然后，他告诉我说，他里里外外考察了很多人选，但还没有找到合适的。他打算把两项工作合并，完全交给我负责，并给我大幅加薪。银行执行委员会已经同意了这个提议。

这件事充分证明，我能做多少，完全取决于我认为自己能做多少。"

能力的确是一种思维状态。

○ 如果想做好一件事，就把它交给大忙人

现代社会，竞争激烈，几乎每天都会发生类似的事情。公司新增加了一个项目，老板开始找员工约谈，看谁愿意把工作接下来。一般老板会说："我知道你手头的事很多。但是你还能负责这件事吗？"员工们往往会回答："很抱歉，我现在实在是忙得焦头烂额。我想为您分忧，不过我真的忙不过来。"

在这种状况下，老板并不会怪他，毕竟这是分外的事情。不过，这件事总得布置下去。所以，老板会继续找，直到有一位员工虽然也一样忙，但觉得自己有能力承担更多的工作。这位员工以后一定会前途无限。

不管是事业、家庭，还是社交，成功需要做到两点。**一是把事情做得更好**（提高质量），**二是承担更多工作**（提高产量）。

现在相信付出总有回报了吧？那么，就按照下面这两个步骤来做吧！

首先，抓住机会，主动接受更多的工作。别人给你布置新任务，其实是对你的肯定和赏识。在工作中，承担更大的责任才更能突显你的价值。如果左邻右舍请你做社区的居民代表，一定要接受。这样的经历能帮你成长为社区领袖。

其次，集中精力思考如何能做更多工作，一定要有创意。或许可以理顺现在的工作，或许可以用更简便的方法来处理日常工作，或许可以砍掉一些毫无意义的事情。请容我再重复一下，你一定能想出解决的办法。

就我个人而言，我认为：如果想做好一件事，就把它交给一个大忙人。我绝对不会把重要的任务交给很清闲的人。过去我有过很多次惨痛的教训，也付出了惨重的代价。从中，我得到的教训是：有大把空闲时间的人，做事没有效率。

据我所知，所有成功人士和有能力的人都很忙。和他们共事，我知道事情肯定能完成，计划肯定能实现。

在过去，这样的例子数不胜数，大忙人们往往说到做到，效率奇高。但是，和那些超级清闲的人共事，往往会大失所望。

在那些蓬勃发展的企业，管理层会不断反省："如何提高产量？"同样，你为什么不反思一下：如何提高我自己的产出？只要你有这样的想法，你一定能得偿所愿。

○ 记住：大人物喜倾听，小人物好讲话

我曾经和来自不同阶层的数百人交谈过，我发现：一个人越伟大，越会鼓励别人来讲话，而一个人越渺小，越喜欢说教。

大人物喜倾听。

小人物好讲话。

同时，我们还应该注意到：各行各业的领袖人物会花大量时间来听取别人的建议，而直接提建议的时间要少得多。在做决定以前，他们会向不同人群征求意见——"你觉得怎么样？你有什么建议？在这种情况下，你会怎么做？"等等。

我们可以这样来看：我们可以把领导者比作是生产决策的机器。生产决策和生产其他东西一样，必须要有原材料。生产决策所需的原材料就是别人的想法和建议。当然，你向别人咨询，征求意见，并不是为了从他们身上找现成的答案，而是为了得到灵感，让自己的思维更活跃，更富创造力。

最近，我以培训师的身份出席了一次高级经理研讨会。讨论会共12场。每一场都安排了一位高管做15分钟的报告，主题是：如何解决最棘手的管理问题？这些报告是本次研讨的亮点。

第9场的报告人是一家大型牛奶加工厂的副总经理。他没有直接讲自己是如何解决问题的，而是换了一种方式。他报告的主题是"求助：请帮我解决最棘手的管理问题"。他先简单陈述了一下目前面临的问题，然后请大家帮他提出解决的办法。为了完整地记录大家的提议，他请一名速记员将会场内说的每一句话都记录下来。

会后，我夸他使用的方法很独特。他说："现场坐着很多聪明人，我想肯定能给我提出很好的建议。或许，他们提的建议能给我灵感，帮我想到解决办法。"

请注意：这位主管先提出问题，然后听取别人的看法。这样，他便有了原材料，可以做出明智的决策。同时，其他参会人员也能积极参与进来，可以享受讨论过程。

成功的企业往往会投入大笔资金，进行消费者研究。产品的味道、品质、大小和外观，都需要在消费者中进行调研。倾听消费者的意见，可以让产品本身更有卖点。此外，生产商可以据此决定在广告中呈现哪些信息。所以成功的产品研发，就要先听取各方意见，聆听消费者的建议，然后根据反馈来设计、推销。

最近，我在某个办公室注意到一块牌子，上面写着：要向约翰·布朗推销商品，就必须用约翰·布朗的眼睛来看问题。"用约翰的眼睛来看问题"其实就是要多听约翰的意见和建议。

耳朵其实是一个人的输入端，把原料输送到大脑，然后转化为创造力。说话其实学不到东西。相反，提问和倾听会为你的大脑带来惊人的养分。

试试下面三个步骤，学会提问，学会倾听，培养你的创造力吧！

1. 鼓励别人讲话。不管是私下聊天，还是在开小组会，都要善于引导别人开口说话。可以这么说："和我分享一下你的经历吧……你觉得该怎么做呢……你认为要点是什么呢？"鼓励别人说话，可以一箭双雕。一方面，你的大脑吸收了新的原料，将更有创造力；另一方面，你可以交到朋友。肯把说话的机会让给别人，肯倾听，这样的人最受大家欢迎。

2. 以提问的方式来验证观点。用询问的语气来陈述自己的观点。"我觉得……你们觉得怎么样？"别人可以帮你把想法锤炼得更为精炼、完善。如果你准备提出一个全新的想法，切不可过于自负，不要弄得像是金科玉律似的。最好先做个非正式的调研，看看同事们的反应，你也可以借机加以完善。

3. 要用心听别人说话。把嘴巴闭上算不上是倾听，而真正把别人说的话听进去才是倾听。人们经常假装在听，其实一点都没听进去。他们只是在等别人说完，好轮到自己说话。别人讲话的时候，要聚精会神地听。评估他们的说法，做出判断，这样大脑才能真正吸收养分。

○ 想法是思考的产物，只有将想法付诸行动，才有价值

当下，越来越多的一流大学为高级管理人员提供管理培训课程。公司派员工参加培训，并不指望他们能从培训中学到现成的公式来生搬硬套，而是希望他们借机和其他人交流、讨论。很多大学要求参加培训课程的管理人员住在宿舍，这样大家就能自由交流。总之，培训就是为了刺激管理人员的思维。

一年前，全国销售经理协会（National Sales Executives Inc.）在亚特兰大开设了一期为期一周的销售管理课程，我上了其中的两门课。两个星期后，我碰到了一位做销售的朋友，他的主管就参加过这个培训课程。

"我们销售经理学到不少东西呢！他现在更加擅长管理了呢。"这位年轻朋友说道。我很好奇，就问那位经理有什么改变。他一口气说了很多，比如，那位经理调整了员工奖金，将每月一次的销售会议改为每月两次，重新设计了公司名片和公文纸，重新分配了销售区域等。其实培训并没有提过这些东西。所以，这位经理参加培训并不是为了捡现成。相反，他是在交流和学习的过程中得到了启发，然后根据公司实际情况提出了方案。这样的收获更有价值。

有位涂料厂的年轻会计，曾经受人启发，投资房产，结果大获成功。

"一直以来，我对房地产都没太大的兴趣。"他说，"我一直做会计工作，

只关心与会计相关的事情。我有个朋友是房地产经纪人。有一天，他邀请我参加了一家房地产公司举办的午餐会。

那天，有一位长者做了题为'未来20年'的主题演讲。他亲眼见证了这座城市的发展，并预言城市将继续扩张，不断侵占郊区的土地。他还预言，二至五英亩大小的绅士型农场有广阔的市场空间。这种农场刚好够修游泳池、马场、花园等休闲设施，供专业人员或者商人们休闲娱乐。

听了他的演讲，我心潮澎湃。我一直梦想着能够拥有这样的农场。接下来的几天，我在几个朋友中稍稍做了一下调研。我问他们想不想拥有一座五英亩大的庄园。他们都很喜欢这个想法。

我一直考虑该怎么借这个想法赚钱。有一天，在开车上班途中，我突然有了答案。'为什么不买一座农场，然后把它分成几个庄园出售呢？'我想，把一整块地分成几小块，肯定更值钱。

我很快就看中了一个荒芜的农场，离市中心22英里远，占地50英亩，标价8500美金。我预付了1/3的款项，剩下的申请了抵押贷款。

接下来，我在空地上种下了松树苗。之所以要种树，是因为一个内行告诉我，人们都喜欢树，而且树越多越好。

这样，人们来看房子的时候，就能想象到未来几年庄园绿树成荫的样子。

然后，我请了一位测量师，把50英亩地分成10块，每块5英亩大。

准备好以后，我就开始打广告。我找到本市青年才俊的一份邮寄名单，直接给他们寄了份海报。在海报上，我写道：花3000美元，在市里只能买一个小房子。花上同样的钱，就可以买下一座庄园。而且，庄园既可以用作休闲娱乐，还可以用来享受更健康的生活方式，潜力无限。

6个星期后，那10块地就全部脱手了。而且，我只用了晚上和周末的时间。卖地的总收入是30000美元，成本（包括土地、广告、测量和律师费用）一共是10400美元，利润高达19600美元。

我之所以能赚钱，是因为我主动与其他领域的杰出人物接触，并倾听他们的想法。其实，那次午餐会和我的工作一点关系都没有，如果我没去的话，我自己根本想不出这么个赚钱的好事。"

刺激大脑的方式很多，不过，有两件事情一定要成为自己的习惯。

一方面，至少加入一个与自己专业相关的组织，经常参加相关的活动，多与那些成功人士和积极向上的人交往。我们经常听人说："我今天下午在开会的时候，听到了一个绝妙的想法。"或者"参加昨天的会议后，我就开始想……"记住，别人的想法和观点是大脑最好的养分。要经常接受新鲜观点的刺激，否则大脑很快就会营养不良，疲乏无力，不能创新，没有积极的想法。

另一方面，至少加入一个和专业无关的组织，经常参加相关的活动。与各行各业的人交往，能够拓展思维，开阔视野，而且对你的本职工作也会产生惊人的影响。

想法是思考的产物。但只有将想法付诸实施，才能产生价值。

橡树每年会结成千上万个橡子，如果每颗橡子都能长成橡树，那将是片茂密的森林。然而，实际上，大部分橡子都被松鼠吃掉了，剩下的橡子也很难在坚硬的土地上发芽生长，所以，最终可能只有一两颗橡子能长成橡树。

想法也是这样。只有极少数想法最终会开花结果。想法其实很脆弱，如果我们不好好保护它们，那么，那些"松鼠"（思想消极的人）会把大多数"种子"（想法）毁掉。有了想法后，一定要精心保护，小心处理，要想办法把它转化为可操作的办法。下面列举了三种方法。

1. 不要让好的想法溜走。把它们写下来。其实我们每天都会有很多绝妙的想法，不过因为没落在纸上，所以，很快就忘掉了。靠记忆来保存和丰富新想法，完全不可靠。一定要随身携带笔记本或小卡片。只要有好想法，立刻记下来。我有个朋友，经常旅行，而且总随身携带一个笔记本，一旦想到什么，就立即写下来。善于思考的人知道，好的想法随时可能蹦出来，所以，一定要保护你的思想成果，别让它们就这样溜走。要学会保护它们。

2. 评估想法。把这些写着想法的纸条保存起来。可以放在精致的柜子里，抽屉里。哪怕放在鞋盒里都行。无论何时，把这些纸条放在一起，经常回顾、评估一下这些想法。如果你确定有的想法毫无价值，那就赶快扔掉。不过，只要觉得还有一点点价值，就先保留着。

3. 培育、丰富这些想法。要不断思考，让想法逐渐成熟起来。要思考这个想法与什么相关，找到相关的东西，仔细研读，要思考周全，把各个方面各种视角都考虑到。等时机成熟了，把想法应用到工作或生活中去。

建筑师有了设计理念，会画成设计草图；广告文案有了电视广告创意，会画成故事板（一组图片，用来描绘成品的效果）；作者有了想法，会写成草稿。

一定要把想法落在笔头。原因有二。其一，把想法写出来，就能一目了然，找出漏洞，找到改进的方法。其二，不管是什么想法，必须得有卖点，必须用具体实际的东西来说服客户、雇员、老板、朋友、俱乐部会友或投资人，否则想法毫无价值。

有年夏天，有两个业务员向我推销人寿保险。他们根据我的需求拿出了具体的保险计划。第一位业务员仅口头给我介绍了一下，说了很多税、选购项目、社会保障等专业名词，过于专业详细，把我听得晕头转向。所以，我没买他的保险。

第二位业务员则采取了截然不同的方法。他将保险计划做成了图表，一目了然，我很快就明白了。所以，他成功地把想法卖给了我。

你要学会用正确的方式将想法表现出来，增加它的卖点。把想法写下来，或者用图表展示出来，远比口头表达更容易赢得买家的芳心。

快速小结

按照下面的指导，创造性思考吧！

1. **要相信事情能够做成**。只要你相信事情能够做成，大脑就会积极动起来，找到解决办法。

从你的词汇中，把"不可能、行不通、做不来、试也没用、没有办法"等字眼去掉。

2. **不要被传统所麻痹**。要敢于接受新思想，要敢于实验，敢于尝试新方法。做任何事都要积极进取。

3. **要不断自省自问：我如何才能精益求精**？永远都有改进的空间。只要肯动脑子，一定能想到好办法。你不妨试试看。

4. **要不断思考：我如何能承担更多工作**？能力是一种思维状态。不断思考，就可以调动起创造力，找到一些捷径。成功有两个先决条件。一是把事情做得更好（提高质量），二是承担更多工作（提高产量）。

5. **练习提问和倾听**。要学着提问，学着倾听，你才可以获得一些新鲜的观点，最终做出正确决定。记住：大人物喜聆听，小人物好讲话。

6. **精心呵护想法，将想法转化为可操作的办法**。要不断寻找新的刺激。和不同职业的人交往，和不同社会背景的人交往，你才能想到新想法，找到新办法。

The MAGIC
of Thinking Big

第六章

成大事者有格局

显然，人类的行为变化莫测。售货员见有的顾客进来，马上走上前去招呼客人："您好，先生！您需要点什么？"但对另外一些顾客，却视而不见，置之不理。男士会给一些女士开门，却不会给另外一些女士开门。员工会坚决执行某位上司的命令，对另外一位上司布置的任务却敷衍搪塞，能不做，就不做。这是为什么呢？你有没有想过原因呢？

环顾四周，你会发现，人们对有些人很随意，见面说声"嘿，麦克！"或者"嘿，伙计！"，对有些人却毕恭毕敬"好的，先生。"留心观察一下。你会发现，有些人气场很足，自信满满，不管走到哪里，都会赢得他人的尊重和仰慕，但有些人却不行。

观察得再细致一点，你会发现，最受人尊重的人往往就是那些最成功的人。

如何解释这个现象呢？可以归结为一个词：思想。思想确实具有如此的魔力。我们如何看待自己，别人就会如何看待我们。别人对我们的态度反映出我们对自己的态度。我们觉得自己应该受到什么样的待遇，别人就会怎么对待我们。

的确如此。一个人要是自认为不如别人，那么，不管他多有本事，都会低人一等。思想控制行为。如果一个人缺乏自信，他的想法会通过行为表现出来，即使虚张声势，遮掩娇饰，也不过是一叶障目，迟早会现出原形。如果一个人自认为不重要，他就真的变得无足轻重了。

反之，如果一个人真心觉得自己能够胜任一份工作，那他肯定能够做好。

要想成为重要人物，首先我们必须要相信自己很重要，必须打心眼里这么想，别人才会这么想。我想再强调一下背后的逻辑。

思想控制行为。

行为方式反过来决定别人对我们的看法。

成功有很多因素，赢得他人的尊重是其中之一。其实，赢得尊重很简单。首先，你必须相信自己值得他人尊重。你越自尊，别人就越尊重你。想一想贫民窟的那些家伙们。你会尊重他们吗？可能不会。为什么呢？因为他们可能根本不自尊自爱，他们一贫如洗，却毫不上进，最终只能让灵魂慢慢地腐朽掉。

是否自尊能从言谈举止中表现出来。现在，让我们看看哪些技巧能让我们更为自尊，进而赢得他人的尊重。

○ 看起来重要，会让你感觉自己很重要

请记住：你的外表会说话。一定要让外表为你加分，而不是减分。你想成为什么样的人，在出门之前，就一定要让自己看起来像那样的人。

美国男装与童装协会打出过这样的广告："着装要得体，你别无选择。"这是有史以来最实在的一句广告词。我们应该把这个口号装裱起来，每个办公室、卫生间、卧室和教室都应该挂一个。在某则广告里，一个警察如此说道：

一般来说，我们通过外表就可以判断出一个孩子是不是个坏孩子。当然，这确实不公平，不过，事实就是如此：如今，人们常常以貌取人。一旦贴上标签，就很难改变对这个孩子的想法和态度。看看自家的孩子，用老师和邻居的眼光来看他。他看起来怎么样？他穿的衣服会不会给别人留下不好的印象？你确定他走到哪儿看起来都很得体吗？衣服穿得都合适吗？

当然，这则广告说的是小孩子的事。不过，对大人也同样适用。只要把"孩子"换成"自己"，把"老师和邻居"换成"老板和同事"就可以了。请把这段话再读一遍。"用老板和同事的眼光审视一下自己。"

只要花少许功夫，就可以做到干净整洁。从字面上看，这句口号可以理解为：穿着得体，迟早会有所回报。记住，看起来重要，你会觉得自己很重要。

着装打扮可以让你精神抖擞，充满自信。以前我上学的时候，认识一位心理学教授。学生们在为考试冲刺的时候，他会建议他们："整装待发，去迎接这次重要的考试吧！打条新领带，把衣服熨好，把皮鞋擦亮，一定要看起来精明强干，这样，你才能思路清晰有条理。"

这位教授深谙人的心理。千万要记住：外表会影响一个人的内心，影响一个人的思维和感觉。

我听说，所有男孩子都会经历一个帽子阶段。也就是说，男孩子常常会用帽子来显示他们想成为的偶像和渴望拥有的性格。我一直记得大卫的一件趣事。有一天，他突发奇想要装扮成独行侠，但他嫌自己没有独行侠的帽子。

我劝他用其他帽子代替一下算了，但是他不听。他说："爸爸，不戴独行侠的帽子，我怎么能把自己当成独行侠呢？"

最后，我让步了，还是给他买了一顶。戴上那顶帽子，他觉得自己好像真的就是独行侠了。

我常常想起这件事。从这件小事上，我们可以看出，外表对思维具有多么深远的影响。当过兵的人都知道，只有穿上军装，才更有当兵的感觉，才更能像士兵一样思考。女人们只有穿上晚礼服，才更想去参加聚会。

同理，经理们只有穿着像位经理，才更有经理的感觉。有位销售员曾经说过："我要是穿得不合适，就老觉得不顺，老觉得自己签不了大单子。"

一个人的外表不但会向自己，也会向别人传递信息。理论上来说，人们不应该以貌取人，而应该把素质作为评价别人的标准。然而千万不要被所谓的理论误导。人们确实会以貌取人，而且第一眼看到的往往是外表。第一印象在一瞬间就能形成，而且，一旦形成，很难改变。

有一天，我在逛超市的时候，发现了两种无籽葡萄，第一种标价一英镑15美分，另一种看起来完全一样，不过装在塑料袋里，价格是两英镑35美分。

我问称重的那个小伙子："这两种葡萄有什么区别吗？"

他回答说："区别就在于包装，装袋的葡萄更好看，所以更好卖，销量大约是散称葡萄的两倍。"

下次准备推销自己的时候，就想想这个葡萄的例子吧。把自己好好包装一下，不但更容易推销，而且售价会更高。

关键在于，你包装得越好，别人对你就越认可。

明天出门后，请在饭店、公共汽车、拥挤的大厅、商店、办公室等公共场合留心观察一下，看看谁最受尊重，人们对谁最礼貌。当我们看到别人的时候，我们经常会下意识地迅速评估对方，然后对他们区别对待。

对于有些人，我们比较随意："嗨，麦克！"；而对于另一些人，我们则更为恭敬："好的，先生。"

的确，外表确实能说明一定的问题。如果一个人衣着得体，会给人以积极向上、阳光大方的感觉。人们会觉得："这个人很重要，聪明、可靠、有前途。我们可以仰仗他，敬佩他，信任他。他看起来自尊自爱，所以我也尊重他。"

相反，衣着随意的人会给别人留下阴暗消极的感觉。人们会觉得："这个人心不在焉的，没什么能力，根本就无足轻重。他不过是个普通人，根本不值得我们特别关注。他肯定没什么主见，总被人牵着鼻子走。"

每当我在培训中强调要"注意形象"的时候，人们总反唇相讥："我承认，形象确实很重要。只有穿合适的衣服，我才有感觉，才觉得别人会对我刮目相看。不过，那些衣服很贵，我怎么买得起呀！"

很多人都面临这样的问题。我也曾困惑了很久。其实，答案很简单：少买衣服，买贵重的衣服。把这个答案牢牢记在心上吧。同时，一定要付诸实践。不管是帽子、衣服、鞋子、袜子，还是大衣，只要是身上穿的，都要遵循这个原则。要树立良好的形象，质量远比数量重要。穿有品质的衣服，你会发现自己更有自信，别人也更加尊重你。而且，这样做其实很经济实惠。

第一，昂贵的衣服质量更好，更耐穿，而且品质不会降低。

第二，一般来说，好衣服轻易不会过时。

第三，你能得到更好的建议。花100美元买衣服，售货员不会花很多心思帮你挑选。如果是花200美元，就不一样了，售货员会更用心，帮你挑选到真正适合的衣服。

千万要记住：一个人的外表不但会向自己，也会向别人传递信息。穿着打扮一定要得体，一定要传递出这样的信息："我很自信，我很重要。你千万别轻视我。"

表现出自己最好的一面吧！这是你对他人的尊重，更重要的是，这是你对自己负责任的表现。

你想什么，就会成为什么样的人。如果你的形象让自己自惭形秽，那你肯定就比不上别人；如果你的形象让自己觉得渺小，那你真的就很渺小。亮出最好的自己，你就会产生最好的思维和行动。

○ 要自信地认为自己的工作很重要

人们经常会说起三个砌砖人的故事，非常经典。故事是这样的。

三个工人都在砌砖。别人问他们："你们在干什么呢？"第一个人回答说："我在砌砖啊。"第二个人回答说："我每小时在赚9.3美元。"第三个人回答说："你是问我吗？我在修建世界上最宏伟的教堂。"

到这，故事就结束了，并没有说明这三个人会有怎样不同的人生。不过，你认为呢？很有可能，头两个人一辈子都在砌砖，因为他们没有远见，不尊重自己的工作，他们缺乏动力，所以，一辈子可能都碌碌无为。

但是，我们可以打包票，第三位绝不会砌一辈子的砖头。也许，他会成为工头、包工头，或者建筑设计师。他肯定会不断进步。为什么呢？这是他的思维所决定的。他的思维会指引他不断提升自我。

从一个人对工作的态度，我们可以了解一个人，也可以看出他有没有升职的潜能。

我有个朋友，开了家猎头公司。最近，他对我说："对候选人的一个重要评估标准就是他对目前工作的看法。一个人对目前的工作有所不满很正常，但如果他依然觉得目前的工作很重要，那么，我们会心生好感。

为什么呢？道理很简单。如果他看重现在的工作，那他很可能也会以下一份工作为荣。我们惊奇地发现，一个人是否以工作为荣与他的工作表现息息相关。"

和外表一样，从你对工作的看法，领导、同事和下属可以看出你是什么样的人，实际上，其他和你有工作接触的人也都能看出来。

几个月前，我和一个朋友就"培养人才"的问题长谈了好几个小时。他是一家电器厂的人事部主任。他说他有一套"人事考核制度"，让他感触良多。

"我们厂大约有800个非生产性的员工。根据人事考核制度，每隔六个月，我和助手会跟每个员工面谈一次。这样做的目的很简单，我们想帮助他们提高工作水平。虽然他们不直接参与生产，但他们每个人对公司的发展都至关重要，工资可不是白发的。

我们非常注意方法和技巧，尽量避免提尖锐的问题。相反，我们鼓励员工说心里话。我们想听到员工对工作最真实的想法。面谈结束后，我们会填写评分表，从不同角度对他们的态度进行评估。

从中，我发现，根据员工对工作的态度，我们可以把员工归为两类，A组和B组。

B组员工约占80%，他们几乎把工作看成恶魔。他们关心的是工作是否稳定，公司的退休制度，病假制度，除法定假日外的放假安排，保险。他们还关心明年三月会不会像今年三月一样频繁加班。他们也不停地提到工作中不如意的事情，比如，同事很讨厌等等。

A组员工的态度截然不同。他们关心未来是否有发展机会，希望我们能提出具体的意见，帮助自己更快地成长。除了机会，他们对公司别无他求。A组员工的思维更开阔。他们关心企业发展，会主动提出一些建议和意见。他们认为这样的面谈具有建设性的意义。相反，B组员工总觉得我们是在洗脑，总想着早早了事。

工作态度到底对工作表现具有怎样的影响呢？有个办法可以检验。不管是哪位员工，要晋升、加薪或享受特殊待遇，他们的直接主管必须将名单提交到我这里审核。被推荐的基本上都是A组的人，惹麻烦的总是B组的人，几乎毫无例外。

在工作中，我面临的最大挑战就是帮助B组的人变成A组那样的人。要做到这一点很难。如果一个人总觉得自己的工作不重要，就会消极怠工，除非他有所改变，否则真的无药可救。"

这件事充分证明：你认为自己是什么样的人，思想就会指引你成为那样的人。如果你认为自己软弱无能，是二等公民，注定会失败，那么你注定将碌碌无为。

反过来，如果你认为自己很重要，认为自己具备了必要的能力，认为自己可以有一流的表现，认为自己的工作很重要，那么，你就能大步迈向成功。

要想心想事成，关键要积极向上，正确看待自己。其他人只能根据你的行为来评价你的能力，而行动是由思想控制的。

你认为自己是什么样的人，就会成为什么样的人。

以下几种情况，假设你是领导，你会给谁升职加薪呢？

1. 两个秘书。老板不在办公室的时候，第一位秘书就消极怠工，读读杂志，消磨时光。另一位呢，趁有空把一些琐事做得妥妥当当，这样，等老板回来后，工作效率会更高。

2. **两个员工。**一个总说："唉，我总不能在一棵树上吊死。如果他们不喜欢我，我干脆辞职算了。"另一个虚心听取别人的批评，真心想把工作做得更好。

3. **两个销售员。**一个对顾客说："哦，是他们让我来的。让我来看看你想买什么。"另一个说："布朗先生，您需要什么呢？让我帮您介绍一下。"

4. **两个管理人员。**一个对下属说："说实话，我也不太喜欢我的工作。我也看不惯那些高高在上的领导们。说实话，我经常都听不懂他们在说什么。"另一个说："不管是做什么工作，肯定有不如意的地方，要有心理准备。但是我敢保证，领导们肯定会和我们同甘共苦的。"

为什么很多人一辈子都踟蹰不前？答案不是很明显吗？他们的思维就是他们前进的拦路虎。

有一家广告公司会对新入职的员工进行一种非正式的培训，帮助他们尽快熟悉公司业务。

"我们公司有个政策，"公司某人事专员说道，"新人入职后，必须先到收发室实习，我们觉得这样的培训最有效。当然，并不是说辛辛苦苦上四年大学，出来只能给各个办公室派送信件。我们的目标，是让新人最大限度地接触公司各个环节的工作。在他大致了解了公司业务后，我们再给他安排具体任务。

有些年轻人觉得送信这种事太掉价了。碰到这种情况，我们就会向他们耐心解释这样安排的目的。尽管如此，偶尔还会有人不理解。这时候，我们就知道招错人了。收发室的工作其实是为更重要的工作做准备，如果他连这点都不明白，连这点远见都没有，那他根本就没有干这一行的潜力。"

请记住：**领导们能从"在目前工作岗位的工作表现"看出"再上一个台阶会有怎样的表现"。**

这个逻辑虽简单直白，但非常合理。请至少读上五遍吧！

一个人只有认识到工作的重要性，才会思考着提高工作质量。

在工作表现得越好，则意味着更多的晋升机会，更高的报酬，更显赫的声望，更加幸福。

我们都曾注意到，孩子们会模仿父母们的态度、习惯、恐惧以及喜好，而且学得很快。其实，孩子就是父母或者监护人的翻版。不管是对食物的偏好，待人处事的方法，宗教信仰，政治观点等等，孩子们都会一一模仿。

大人也是。人生在世，我们一直都在模仿他人，尤其是领导和上司，我们的想法和行为会受到他们的影响。

检验的方法很简单。随便找个朋友，比较一下他和他的上司的思维模式和行为方式，你会发现很多相似之处。

使用的俗语，对词语的选择，抽烟的方式，一些面部表情，待人处事的方法，着装，喜欢的汽车等等，不胜枚举。

或者，我们可以研究一下员工和领导的态度，就知道模仿有多厉害了！领导紧张、焦虑、忧虑的时候，和他亲近的员工也会表现出类似的情绪。如果上司兴高采烈，那员工们亦会有同感。

还有一点很关键。**我们对工作的态度决定了下属对工作的态度。**

下属对工作的态度直接反映出了领导对工作的态度。一定要记住：我们的优点和缺点都会在下属的身上表现出来。好比从孩子身上，可以看出父母的态度一样。

◦ 充满激情地思考

我们来讨论一下成功人士具备的另一个特性：激情。销售人员如果激情四射，顾客会对某件产品产生极大的兴趣。如果牧师或者演讲人激情洋溢，那么观众们也会热情高涨、全神贯注。你有没有注意过这些现象呢？如果你有激情，你就会感染身边的人。

那么，如何培养激情呢？很简单。充满激情地思考。要培养乐观、进取的心态，要时时刻刻想：实在是太棒了！我一定要全身心地投入！

你想什么，就会成为什么样的人。充满激情地思考，你就会激情满怀。要想高效、高质量地完成工作，一定要对工作充满激情。如果你浑身上下洋溢着热情，其他人也会被你感染，他们也会有一流的表现。

反过来说，如果你虚报花销，侵吞办公用品，消磨时间，还在其他小事上作假，那么，你难道还期待下属可以洁身自好吗？如果你习惯迟到早退，你想你手下那些家伙会怎么样呢？

我们必须要正确看待自己的工作，这样我们的下属才能正确看待他们的工作。为什么要这样做呢？很简单。上司要检查我们的工作成果，靠谁呢？全靠下属好好工作。

想一想，你会提拔哪位部门销售经理作区域销售经理呢？是手下业绩优秀的那位，还是手下表现平平的那位？你会推荐哪位主管作生产经理呢？是总能完成生产任务的那位，还是总拖后腿的那位呢？

想让别人心甘情愿地为你付出，可以从下面两个方面去努力。

第一，工作中，永远采取积极的态度。这样，下属会受影响，学会正确思考。

第二，每天在开始工作前，问问自己："我各方面的表现是否值得别人模仿？我想在他们身上看到这些习惯吗？"

○ 每天鼓励自己几次

几个月前，一位汽车销售员和我分享了他的成功技巧，是他自己想出来的，说得很有道理。看看吧。

他说："我每天要花两个小时给潜在客户打电话，约他们看车，这是我工作中非常重要的一部分。三年前，我开始做汽车销售，那时打电话是我最大的问题。我很害羞，也很害怕，而且，我知道，我打电话的时候，这些对方一定能听出来。所以，客户接电话没几分钟，就说'没兴趣！'，然后就挂掉了。

那时候，每周一早上，销售经理都会开销售大会，他讲的话总是很鼓舞人心。开完会后，我感觉特别好。而且，好像每周一我预约的客户都比平常多。可惜，周一我还信心十足，到周二几乎就泄气了，更别提其他几天了。

然后，我想到一个好主意。如果销售经理能够鼓起我的士气，我自己为什么不行呢？我为什么不在打电话前激励一下自己呢？那天，我就决定试一下。我没有告诉任何人，一个人走到外面的停车场，找了辆空车，然后在里面自言自语了好几分钟。我对自己说：'我是个非常棒的汽车推销员，我要做最好的汽车推销员。我卖的车物美价廉，而且我也很有想法，接电话的那些顾客需要买车，推销一定能成功。'

从那时起，我就一直给自己打气，这种办法很管用。我的自我感觉非常好，再也不害怕打电话了。事实上，我变得十分期待打电话。现在，我再不用偷偷摸摸地去停车场鼓励自己了。而且，我至今仍在用这个技巧。在打电话前，我会静静地坐一会儿，悄悄地提醒自己：'我是一流的推销员，我一定要成功'。而我也经常能够得偿所愿。"

这个主意真心不错，对吧？要想登上成功的顶峰，你必须要营造身处泰山之巅的感觉。鼓励一下自己吧！你会发现自己更为强大、更加坚强。

最近，在一节培训课上，我要求每位学员做一个有关"领导之道"的演讲，每人十分钟。有一位学员的演讲惨不忍睹。他双腿哆嗦，双手颤抖，大脑估计已经一片空白，完全忘了自己要展示的内容。在磕磕巴巴了五六分钟之后，他坐了下来，好像被失败彻底打垮了。

那节课结束后，我把这位学员留下来，请他下节课早来15分钟。

他如约提前到了。我们坐下来，一起讨论他前一节课做的演讲。我让他尽可能准确地回忆一下，在演讲前的五分钟，他在想什么。

"我记得我当时一直觉得很害怕。我感觉自己就像个傻瓜，一定会成为别人的笑柄。我一直在想：'我算哪根葱！有什么资格讲领导之道！'我拼命想回忆起演讲的内容，但满脑子都是'我一定会失败'的想法。"

我打断他，说："这就是症结所在。你还没有上台，就已经在精神上把自己打垮了。你坚信自己会失败，所以演讲砸了，这有什么好奇怪的吗？你本应该鼓足勇气再上台，结果自己把自己吓得要死。

"现在，再有几分钟就要上课了。"我继续说道，"我想让你利用这几分钟来鼓励自己。到对面的空房间去，告诉自己：'我将做一次精彩的演讲。我有想法，想分享给大家，他们也渴望听到我的想法。'把这几句话多说几遍，要打心眼里相信，要说服自己。然后，到教室里来，把演讲再做一次。"

我真希望你们也在场，听一听前后两次演讲的区别。那么短短几分钟的自我鞭策，就让他打了个漂亮的翻身仗。

从中我们可以学到：要多肯定自己，能力才能提升；千万不要贬低自己，这其实是对自己无端的惩罚。

你想什么，就会成为什么样的人。看重自己，就一定可以做得更好。

○ 给自己策划一个自我推销广告

给自己策划一个自我推销的广告。想一想可口可乐是怎么做的。可口可乐已经是美国最受欢迎的产品，但可口可乐依然每天给顾客带来新的惊喜。之所以反复推销，是因为一旦停止宣传，顾客对可口可乐的热情就会降低，最终可能彻底淡忘。这样，可口可乐的销量就会锐减。

可口可乐公司不允许这样的事情发生，所以，他们才要不断推销。

每天，你我都会看到一些行尸走肉，他们已经自暴自弃，不想推销自己了。他们最重要的资本就是自己，却一点也不珍惜。这些人对什么都漠不关心，他们感觉自己很渺小，一无是处，他们也就成为了那样的人。

事实上，这些人需要再次推销自己。他们需要意识到，自己是一流人才。他们需要重新建立信心。

汤姆·史丹利还很年轻，但是进步非常快。每天，他都会推销自己三次，他将之称作"汤姆·史丹利的60秒广告"。他一直把这个广告放在皮夹子里。上面写着：

汤姆·史丹利遇到了"汤姆·史丹利"，一个非常非常重要的人物。汤姆，你是一个拥有大思想的人，不管遇到什么事情，都要敢想敢做。你有一流的能力，就要做一流的工作。

汤姆，你相信自己会幸福、进步、富足。

所以，在你的词典里，只有幸福、进步和富足。

汤姆，你动力十足，精力充沛。

所以，把动力用在工作中，什么都阻挡不了你前进的步伐。什么都阻挡不了。

汤姆，要有激情，一定要让别人感受到你的激情。

汤姆，你看起来不错，感觉也不错，一定要保持这样的状态。

汤姆·史丹利，昨天，你很了不起，今天你将成就更加伟大的事业。去奋斗吧，汤姆！前进吧！

汤姆越来越成功，越来越有活力，他觉得原因就在于这个自我推销广告。"在此之前，我总觉得自己不如任何人。现在，我意识到自己已经具备了成功的条件，我现在正朝着成功迈进。未来，成功也一定属于我。"

如何策划一个好的自我推销广告呢？首先，要找到自己的资本，自己的优势。要问问自己："我最好的品质是什么？"不要过于腼腆，要敢于发现自己的优势。

接下来，在一张纸上把你的资本和优势写下来，然后，串成一段广告词。再读一下汤姆·史丹利的自我推销广告。注意一下他是怎么和汤姆，也就是他自己对话的。语言一定要直截了当。在读广告的时候，别想别人，只想你自己。

找个隐蔽的地方，每天至少把广告词大声读一次。最好是对着镜子读。要全身心投入地读。读的时候要坚决，要有说服力。要让自己心潮澎湃，热血沸腾。

最后，每天默读几遍。当你需要勇气来解决难题，或者当你觉得情绪低落的时候，拿出来，读一读。把广告随身带着，便于随时自我激励。

可能很多人对这种成功技巧不屑一顾，而且，这样的人也许还不在少数。那是因为他们不相信成功源于思想管理。拜托！千万不要和这些平庸之辈一般见识。你并不是他们中的一员。如果你还有疑虑，去问问那些最成功的人士吧！咨询一下他们的意见。然后，开始行动吧！

○ 随时自问：成功人士会这么做吗

有格局，才能更好地行动，才能取得成功。充分挖掘你的潜力，像大人物一样思考吧！方法很简单，你可以将下面的表格作为行动指南。

●"我该如何思考？"检查表

情形	反省
1. 焦虑	大人物会为此而担心吗？我认识的最成功的人会受这种事影响吗？会因此而烦恼吗？
2. 有了想法	如果大人物有了这个想法，他会怎么做呢？
3. 外表	从外表能看出我很自尊自爱吗？
4. 语言	我使用的是成功者的语言吗？
5. 阅读	成功人士会阅读这些吗？
6. 对话	成功人士会讨论这些问题吗？
7. 生气	成功人士会因此而生气吗？
8. 讲笑话	成功人士会讲这种笑话吗？
9. 工作	成功人士是怎么形容他的工作的呢？

"成功人士会这么做吗？"把这个问题深深刻在脑海里。不断问自己这个问题，这样，思维才能更加宽广，才能愈加成功。

快速小结

1. **看起来重要，会让你觉得自己很重要。**你的外表会说话。要确保外表能让你精神抖擞，满怀自信。外表也会影响他人。确保你的外表会传达出这样的信息："这个人很重要，很聪明，很成功，很可靠。"

2. **要自认为自己的工作很重要。**只有这样，思想才能指引你更好地完成工作。你看重自己的工作，下属才会看重他们的工作。

3. **每天鼓励自己几次。**写一个自我推销广告。要抓住所有机会，不断提醒自己：我是个一流人物。

4. **不管遇到什么事情，都要问自己："成功人士会这么做吗？"**然后，不断调整自己的行为。

The MAGIC of Thinking Big

第七章

创造和管理一流的环境

思想是个神奇的机制。用一种方式思考，你的思想会助你成功；若用另一种方式思考，你的思想可能会害你一败涂地。

世间万物，思想最为精妙、敏感。现在，让我们一起来看看思维模式为何会千差万别。美国人很在意吃的食物，也爱计算卡路里。每年，花在维他命、矿物质和其他营养品上的费用就高达数百万美元。原因很简单。根据营养学的说法，一个人的饮食会通过其身体状况反映出来。一个人的体力、免疫力、体型，甚至是寿命都与饮食密切相关。

饮食决定身体状况。同理，思想养分决定思想状况。当然，思想养分不是消费品，不是用钱买的。其实，思想养分就是你所处的环境，也就是你身边那些影响潜意识和意识的东西，数不胜数。我们所汲取的思想养分决定了我们会形成什么样的习惯、想法和个性。我们每一个人天生都具备一定的潜能。但是，如何开发潜能，潜能能否发挥，都取决于我们为思想提供了什么样的养分。

从一个人的身体状况，可以看出其饮食情况。同理，从一个人的思想状况，可以看出他从环境中汲取了什么样的思想养分。

你有没有想过，如果你不是在美国长大，而是在其他国家长大，你会是什么样的人呢？你会喜欢什么食物呢？你喜欢的衣服还会一样吗？你最喜欢的娱乐方式会是什么？你会从事什么工作呢？你的宗教信仰会是什么呢？

当然，你不可能知道这些问题的答案。不过，如果你在其他国家长大，你很可能会与现在截然不同。为什么呢？因为你将受到不同环境的影响。正如俗语所说，人是环境的产物。

千万要记住：是环境塑造了我们以及我们的思维方式。想想你的生活习惯，你的言谈举止，有哪一点不是从其他人那里学来的？怎么走路，怎么咳嗽，怎么拿杯子，喜欢听什么音乐，喜欢看什么文学作品，喜欢什么娱乐方式，喜欢穿什么样的服饰，这些看似是小事，但都深深烙上了环境的印记。

更为重要的是，你的思维尺度、目标、态度、个性也都是所处环境的产物。

经常和消极的人呆在一起，我们会变得悲观颓废；经常和卑鄙小人接触，我们会养成卑劣的习惯。相反，和有大思想的人交往，我们的思维将更为宽广；和有抱负的人亲近，我们会变得雄心勃勃。

专家们认为，你之所以成为现在的你，你的个性、抱负、目前的生活状态，在很大程度上是由所处的心理环境造就的。专家们也认为，一年、五年、十年、二十年后，你会成为什么样的人，几乎完全取决于未来你所处的环境。

众所周知，随着时光的流逝，我们一定会变。但是，如何改变则取决于我们将来身处的环境，取决于我们所汲取的精神食粮。现在让我们共同探索，让未来的环境给我们带来富足和繁荣吧！

○ 把消极建议当作挑战，用成功证明他们错了

在通往成功的道路上，我们往往会觉得成功遥不可及，这是成功的头

号大敌。之所以有这种想法，是因为我们遇到过各种阻力，导致我们的思想不再锐意进取，而趋于平庸。

为了更好地理解这些阻力，让我们回忆一下孩童时代。那时候，我们都树立了远大的目标。虽然还很小，但我们雄心勃勃，计划去征服未知世界，身居高位，做领袖人物，做激动人心的事情，名利双收。总之，我们梦想着成为全世界最重要、最厉害、最强大的人物。无知是种幸福。因为无知，我们反倒有明确目标，知道怎么去实现目标。

然后呢？我们还没有长大成人，还没有真正开始为目标而奋斗，各种阻力就蜂拥而至。

我们会听到这样那样的反对之辞："别傻了，别做梦了！你的想法不切实际，太天真了！太蠢了！你必须得有钱，还得有运气和关系才行。你太小了/你太大了。"

这种"别白费劲了，根本不可能成功"的态度天天在给我们洗脑。人们对此会做出三种反应。

第一类人已彻底放弃。这类人占绝大多数。他们打心眼里认为自己不具备成功的潜质，认为只有某些幸运儿才能真正成功，大有作为。这类人很好找。他们总是拐弯抹角地为自己辩解，说目前的状态多么多么的合理，他多么多么的幸福。

我就认识这么一个聪明人。他三十二岁了，有一份稳定的工作，但工作很一般，没有什么发展潜力。最近，他告诉我他对现在的工作很满意，还花了好几个小时解释原因。他说得振振有词，不过，他只不过是在自欺欺人罢了，对此他也心知肚明。如果能够选择，他希望可以承担更有挑战性、更有前途、更利于个人成长的工作。但是，因为受太多负面因素影响，他觉得自己根本没有能力做大事。其实，这样的人已经走到了人生的尽头。

事实上，还有一种人，他们对任何工作都不满意，不断换工作，不断寻找机会。这两种人代表了两个极端。前者墨守成规，还不断给自己找借口。他们好比是陷在人生的坟墓里，虽然仍留有出口，但他们就是窝在里面不肯出来。后者则漫无目的地乱窜，幻想着有一天天上会掉馅饼。

第二类人中途屈服。这类人比前一类人要少得多。他们成年后，依然怀揣着成功的梦想，有人生规划，积极上进，努力工作。但是，奋斗了十来年后，高层次的竞争日益激烈，他们遇到的阻力越来越大，他们觉得再奋斗已得不偿失，所以就放弃了。

他们也会给自己找借口："我已经比一般人赚得多，生活得更好，干嘛还累死累活地拼命呢？"

事实上，这种人充满了恐惧感，他们害怕失败，害怕得不到社会认同，害怕生活不稳定，害怕失去现在所拥有的东西。其实，他们并不满足，因为在内心深处，他们知道自己屈服了。很多聪明、有才华的人都属于这一类。他们不敢勇敢地站起来奔跑，所以不得不委曲求全地生活。

第三类人永不言放弃。这类人可能只占到2%~3%。面对各种阻力，他们不会屈服，也不会委曲求全。他们不会让悲观的情绪主导自己的思想。他们渴望成功，渴望精彩地生活。这类人最成功，所以也最快乐。不管是做销售、管理，还是其他工作，他们都是圈子里的顶尖人才。对于他们来说，生活有激情，有价值，也有回报。他们期待过好每一天，期待认识新朋友。每一天、每件事都是一种奇遇，值得他们全身心地投入和享受。

说实话，我们都想做第三类人，我们都想踏踏实实地做事，都想年年都有新气象，都想劳有所获。

然而，要想永远做第三类人，我们就必须和环境中的负面影响做斗争。我们一起来看看下面这个例子，看看第一、二类人是怎么不知不觉地拖你的后腿的。

假设，你用最真诚的口吻告诉几个好友（这几个朋友都是平庸之辈）："我未来想成为公司的副总裁。"

然后呢？他们肯定会觉得你在开玩笑。如果你说你不是开玩笑，你是认真的，他们肯定会说"可怜的孩子，真是太单纯了，对世道还不够了解。"

在背后，他们可能会怀疑你脑子进水了。

假设你用同样真诚的口吻对公司总裁再说一遍同样的话，他会作何反应呢？首先，我们可以确定，他肯定不会笑话你。他会凝视着你，心中暗想："这家伙是认真的吗？"

但是，我想再重复一遍，他肯定不会笑话你。

因为成功人士永远不会取笑有远大理想的人。

假如你把将来打算买套豪宅的计划告诉几个平庸的朋友，他们肯定觉得这是痴人说梦，会取笑你。但是，换作那些已经坐拥豪宅的人，他们一点都不会惊讶，因为他们自己就做到了。

要牢牢记住：那些总说事情做不成的人，往往自己并不成功。严格来说，他们顶多算是个听众。这些人的意见其实是种毒药。

要和这些人保持距离，要警惕他们的说法。把他们消极的建议当作是种挑战，要用成功来证明他们错了。

○ 不要让狭隘思想的小人物破坏你成功计划

要十万分地小心，不要让那些思想消极的人影响你积极的人生态度，不要让他们破坏你成功的计划。消极的人无处不在，而且，他们好像总以阻挡别人进步为乐。

读大学时，我和W做了几个学期的好朋友。他人很好，乐于助人，还在我经济拮据的时候，愿意借钱给我。他对朋友们也非常忠诚。但是，W非常消极，对生活、未来和机遇持非常阴暗、悲观的态度。他是个典型的消极主义者。

那时，我很喜欢读一个专栏作家写的东西，她的文章积极乐观，充满了希望和机会。但只要W看到我在读这个专栏，或者，只要听我提到这位专栏作家写的文章，他就会不屑一顾地说："天哪，看在上帝的份上，大卫，还是读读头版头条吧！那才是生活呢！那才是我们应该学习的东西。这个作家不过是给软弱的人画饼充饥，骗骗钱罢了。"

谈及成功，W总是对赚钱津津乐道，而且总是那老一套。他总说："大卫，现在的社会，挣钱的方法只有三种。第一种就是娶个富婆，第二种就是神不知鬼不觉地合法偷窃，第三种就是结交权贵，让他们提携你。"

W一直拼命找例子来证明他的挣钱理论。他每天盯着头版头条，专门挑某一类新闻看，如：某工会领导携款潜逃，还侥幸逃脱（当然这样的人一千个人里也没有一个）；某人娶了个百万富翁的千金，咸鱼翻身（这种婚姻极为少见）；他的一个朋友的朋友，因为认识大人物，所以，接了一笔大生意，一夜暴富。

W比我大几岁，工程课学得非常好，我几乎把他看成大哥哥，对他十分景仰。我也差点就因此放弃了自己对成功的定义，差点就接受了他那种消极负面的成功哲学。

幸运的是，有一天晚上，在与W长谈后，我清醒了。我意识到他给我灌输的都是负面的东西。其实，与其说W是在教我，倒不如说他是在试图说服他自己。从此以后，我就把W当成了反面教材，当成了一个试验品。他对我说的话我左耳进，右耳出。不过，我开始研究他的思维方式、背后的原因，以及对未来发展会有怎样的影响。我把这个朋友变成了我的试验品。

自从十一年前分别，我就再没有见过他。但一个朋友几个月前碰到了他。他在华盛顿工作，是个基层绘图员，收入微薄。我问这个朋友，他有没有什么改变呢？

"没有，他比以前更消极了。他现在过得很不如意。他有四个孩子，收入又低，生活甚是艰辛。我们都知道，他很有头脑，要是他知道怎么使用聪明才智，他的收入翻个五番绝对不成问题。"

生活中处处都是这种消极人士。有些人和我这位朋友一样，本身并无恶意。但有些人不同。他们自己能力不足，一事无成，就拼命嫉妒别人，处处使坏，让别人也摔跟头，把他们变成和自己同样平庸的人。

要加倍小心，仔细研究这些平庸之士的行为。不要让他们破坏你成功的计划。

最近，一个年轻白领和我说，本来他和几个同事拼车，每天一起上下班，后来只能换了另外一位同事的车。事情是这样的。"一起拼车的一个同事总在车上说公司的坏话。不管管理层做什么决策，他都能挑出毛病。公司上上下下，从顶头上司到公司总裁，他看谁都不顺眼。他觉得公司产品不行，每项政策都有问题。总之，在他看来，什么事情都有问题。

每天早上，和他一起坐车到公司后，我都觉得心情糟透了。下班后，再连续听上45分钟的各种絮叨、吹毛求疵，等回到家的时候，我觉得灰心丧气，沮丧极了。后来，我总算是回过神来，换了另外一个同事的车。现在和我一起搭车的人看事情比较客观。和那位简直是天壤之别！"

这位年轻人很聪明，懂得"择邻而居"，不是吗？

千万要记住：物以类聚，人以群分。从你结交的朋友，人们可以看出你是什么人。同事也一样，有的消极，有的积极。有些人做事，是因为职责使然，别无选择，而有些人做事，是因为他们有理想抱负，追求进步。有些人对老板的一言一行不屑一顾，但有些人就比较客观。他们清楚，要想成为好领导，首先要做个好下属，做好分内工作。

我们的思维方式会直接受身边人的影响，所以，**一定要和那些积极向上的人交朋友。**

工作中布满各种陷阱，要时时留心才是。每个群体里都有这么一些人。他们深知自身的不足，就挡住你的路，不让你进步。许多怀揣抱负的人，就因为想提高工作效率，做出更大的业绩，就饱受嘲弄之苦，甚至被别人威胁。说白了，有些人就是嫉妒你，你想进步，他就要你难堪。

这种事在工厂里很常见。想提高生产效率的工人会受到同事的憎恨。同样，在部队，想上军校的年轻士兵会受到很多消极人士的取笑和羞辱。

在生意场上也一样，有些人自己没有资格升职，就跑去挡别人的路。

这种事在高中很常见。如果班里有个孩子认真听讲，努力学习，成绩优异，那么肯定会有一伙不想上进的孩子给他设障、捉弄他。结果，被嘲弄的聪明孩子反倒觉得天资聪颖是个劣势。实在可悲可叹！

别理睬那些思想消极的人，别让他们影响你的思维。

其实，他们和你说这些话，大多只是为了排解心中的挫败感和失落感，并不如你所想，是针对你的。

不要自暴自弃，只把他们的话当耳旁风好了。要主动接近那些积极进取的人。要和他们一起进步。

只要你用正确的方法思考，你一定可以做到！

再多说一句，要特别注意建议的来源。在很多单位，都有些所谓的内行，他们自以为是老资格，知道内情，又很"热心"，喜欢指导新人。有一次，我听到一个人自告奋勇，告诉一个新进员工该如何工作。他说："在办公室里混，最好的办法就是谁都不要惹。如果人们和你熟悉了，肯定会给你派一大堆活。尤其要离部门经理Z先生远一点。如果他觉得你不够忙，肯定会增加你的工作量。"

这位"热心"的"顾问"已经在公司工作了30年，但现在依然是最基层的小职员。对于一个雄心勃勃想要进步的新员工来说，有这样的顾问，真是哭笑不得啊！

○ 要养成向专业人士咨询的习惯

人们普遍认为，成功人士难以接近。这是一种误解，事实恰恰相反。通常，一个人越成功，就越谦逊，越愿意帮助别人。因为他们真心喜欢自己的工作，所以，很希望能看到后继有人，将事业发扬光大。只有那些自以为是的人才会高高在上，拒人于千里之外呢。

一位经理曾明言："我确实很忙，但是，我的办公室门上又没挂'请勿打扰'的牌子。而且，为员工提供咨询是我最主要的工作之一。公司会为每位员工提供标准化培训，如果员工主动咨询，我们还可以提供个性化指导。我更喜欢称之为个性化辅导。

"我随时欢迎员工来我办公室！不管是工作问题，还是个人问题，我都愿意提供帮助。不过，我最愿意帮助那些真正有好奇心的员工，那些想深入了解本职工作的员工，想深入了解公司业务和业务间关联的员工。

"但是，"她说道，"如果他们心不诚，只是想在我面前作秀，那我不可能在他们身上浪费时间。"

有问题的时候，去找一流的专家咨询吧！向失败者求助，好比是让庸医诊病。

◌ 建立一流的社交圈训练

现在，很多经理在进行关键职位的任命前，会先与候选人的妻子面谈。有一位销售经理这样解释道："销售这个职业很特别，会有很多不便，经常要出差，上下班不准时，我们一定要确保他的家人会理解他的工作性质，会全力支持他。"

如今，管理人员也已经意识到，员工下班后做什么，会影响到他的工作表现。如果一个人下班后过得有意义，另一个人的家庭生活沉闷、无聊，那前者肯定比后者更成功。

约翰和弥尔顿是同事，让我们比较一下他们是如何度过周末的。然后，再比较一下他们拥有的不同人生。

约翰的周末通常是这样度过的：周五晚上，他们一家人通常会精心挑选一些有趣的朋友来家里聚会。周六晚上，他们通常会外出，或者看场电影，或者参加市政项目或者是社区项目，或者去朋友家玩。周日早上，约翰会参加童子军的活动，下午，他会在家里做做家务。他时不时还会做些特别安排。最近，他一直忙着在后院修露台。周日，约翰一般会和家人一起度过。上个周日，一家人去爬山，再上个周日，参观了博物馆。另外，因为约翰准备尽快在乡下买一块不动产，所以他们偶尔也会去附近的农村兜风。

周日晚上，约翰会安静地读读书，看看新闻。

总之，约翰会精心安排每个周末的活动。这些活动很提神，像阳光一样，照亮他的内心，驱走一周的疲惫和怠倦，让他精神焕发。

而弥尔顿周末的精神食粮远没有约翰那么和谐。他的周末毫无计划。周五晚上，弥尔顿老觉得疲倦不堪，但他还是例行公事地问问妻子："想出去做点什么吗？"但往往不了了之。弥尔顿和妻子很少有任何娱乐活动，别人也很少邀请他们。周六早上，弥尔顿会睡个懒觉，起床后，一天都耗在家务上。晚上，他经常和妻子出去看场电影，或者窝在家看看电视。（反正没别的事可干！）周日上午，弥尔顿还继续睡懒觉。周日下午，他们会去比尔和玛丽夫妇家里做客，或者邀请他们来家里做客。（他们只和他们保持来往。）

整个周末，弥尔顿都觉得无聊，没意思。因为一直窝在家里，等到了周末晚上，夫妇二人都看对方不顺眼（这就是所谓的幽居症），虽然没有大吵大闹，动手动脚，但整晚家里都充满了火药味。

弥尔顿的周末沉闷、枯燥、无聊、没意思，所以，他内心阴暗，没有沐浴到阳光。

那么，二人的家庭环境将对他们产生什么影响呢？短期来看（比如一两个星期），影响可能并不大。不过，几个月、几年之后，影响将非常惊人。

约翰所处的环境让他精神焕发，思路清晰。他就像一个吃了牛排的运动员。

弥尔顿所处的环境则让他精神处于饥渴状态，会损害他的思维，就像是整天喝啤酒、吃糖果的运动员一样，精力欠佳。

约翰和弥尔顿现在可能处于同一水平，但是，假以时日，差距会逐渐拉大，约翰一定会遥遥领先。

如果没有经过深入观察，你可能会说："或许，约翰比弥尔顿更有天赋吧。"

但是我们内行都清楚，他们俩工作表现不同，主要是因为他们汲取了不同的精神食粮。

农民们都知道，给玉米施肥，会增加产量。**思想也一样，想要提高产出，必须增加养分。**

上个月，我和我的妻子到一位零售店经理家里做客。一起来的还有五对夫妇，那天晚上我们过得非常愉快。我和主人非常熟络，所以就比其他人晚走了一会儿。趁这个机会，我问他："今天晚上我玩得很高兴，不过我本以为你邀请的都是零售店经理呢。没想到，他们来自不同的领域，有作家，有医生，有工程师，有会计，有老师。我一直在考虑这个问题，现在还没想明白。"

他笑着说道："我们在零售界的朋友也很多，也经常邀请他们来家里做客。不过，我和海伦发现，和不同领域的人接触会让我们觉得很振奋。如果光和那些同行在一起厮混，恐怕我会变成守旧的老古董。"

"此外，"他继续说道，"提供服务就是我的老本行。我们的客人来自各行各业，如果我对其他行业的人更为了解，更加了解他们的想法和观点，知道他们对什么感兴趣，那么，我可以更好地为他们提供商品和服务。"

下面有几个简单的方法，可以帮助你建立一流的社交圈子。

1. **与不同团体交往**。只和同一类人交往有局限性，你会觉得沉闷、无聊、不满。同时，要想成功，一定要成为识人专家，这一点同样重要。只研究一小群人，绝对成不了识人专家，就好比只学一本数学书，肯定成不了数学家一样。

结交新朋友，参加新的社会团体，扩大社交圈吧！交往越广，视野越宽。另外，与不同团体交往，像调味品一般，会给生活增色增趣不少。

2. **结交一些持不同观点的人**。在现代社会，一个思想狭隘的人往往没有前途。如果一个人能从多个角度看待问题，更有可能被委以重任。如果你是个共和党人，去结交些民主党人吧！反之亦然。去结交些有不同宗教信仰的人吧！认识些和你意见相左的人吧！但是，选择的人一定要真的有潜力。

3. **只和那些不会纠缠于琐事的人做朋友**。如果有些人只在乎你房子的大小，电器的好坏，而不在乎你的想法和观点，那他们就不值得结交。保护好你所处的心理环境。选择那些积极进取的人做朋友；选择那些真心希望你成功的人做朋友，选择那些激励你实现想法和计划的人做朋友。如果和那些小心眼的人交朋友，时间长了，你的心眼也会变小。

○ 远离思想毒药

美国高度关注各种有毒物质，可惜，关注的仅仅是对身体有害的物质。各家餐馆都要提防发生食物中毒的事情。一旦有几例中毒案件，饭店肯定得关门大吉。国家通过了各种法律，规范有毒物质的使用，保护百姓生命安全。我们要把毒药放在安全的地方，严加看管，放在孩子们够不着的地方。为了防止中毒，我们会采取十二万分的小心。这样做没错！

其实，还有一种有毒物质，形式更为隐蔽，那就是思想毒药，我们通常称之为"闲言碎语"。思想毒药与身体毒药有两个区别。一是，思想毒药毒害的是思想，不是身体，而且难以察觉。二是，被毒害的人不知道自己中毒了。

思想毒药虽难以觉察，但是后果却很严重。中毒后，我们的思想日益狭隘，会不自觉地将注意力集中在微不足道的小事上。谣言会歪曲事实，扭曲我们对其他人的看法。我们要是说了某个人的坏话，再碰到他，我们会表现得内疚不安。思想毒药是100%错误的思想，毫无可取之处。

人们通常认为，只有女人才会闲言碎语、散布谣言，其实不然。闲言碎语并不是女人专有的。其实很多男人每天也生活在有毒的环境中。男人们每天也会上演上千出谣言的好戏，比如"老板的婚姻出问题了，老板的财务出状况了"，"比尔正在四下活动，想升职呢"，"约翰可能被调到其他部门"，"汤姆受到特殊待遇是有原因的……"，"那个新人能进来，是因为……"谣言通常是这样的"嘿，我刚听说……不是，为什么……我一点都不觉得奇怪……那是他自找的……当然，这还是个秘密……"

谈话是心理环境的重要组成部分。有些谈话很健康，听了之后，我们深受鼓舞，如沐春风，觉得胜利在握。

而有些谈话，听了则让人觉得是在有放射性的毒雾中穿行，难受得喘不过气来，充满了挫败感。

简单来说，谣言就是说别人的坏话。有人中了这种思想毒药后，还乐在其中。说别人的坏话似乎让他得到一种快感。可惜，他没有意识到，成功人士因此更不喜欢他，更觉得他不可靠。

有一天，我正和几个朋友闲聊，有一个喜欢说人闲话的人走过来，听我们在聊本杰明·富兰克林，他就开始谈论富兰克林的私生活，说的当然都是些负面的东西。真是大煞风景。也许他说的都是事实。富兰克林从某些方面来说，确实是个人物，要是18世纪就有丑闻杂志的话，他绝对够格上杂志。可是，关键是，富兰克林的私生活和我们谈论的话题根本不相干。不过，好在我们当时说的不是熟人。

那么，可以谈论别人吗？当然可以！不过只说好话，别说坏话。

让我们再强调一次：谈话不等于闲言碎语。有时候，闲谈几句，聊聊工作，闲扯吹牛，都没有问题。只要积极有益，那这种闲谈不无裨益。做做下面的测试，看看你有没有散布谣言的"潜质"。

1. 我会散布他人的谣言吗？

2. 我总能看到别人的优点吗？

3. 我喜欢听别人谈论丑闻吗？

4. 我只以事实为依据来评判别人吗？

5. 我鼓励别人向我散布谣言吗？

6. 我和别人谈话的时候，会嘱咐他们"不要告诉别人"吗？

7. 我可以保守秘密吗？

8. 如果我说别人的坏话，我会感到内疚吗？

正确答案显而易见。

花点时间来思考一下这个问题：即使你拿斧头把邻居家的家具砍碎，你家的家具也不可能变得更漂亮。同理，即使用语言的斧头把别人伤得遍体鳞伤，也不可能让你我变得更优秀。

○ 养成追求一流品质的习惯

做任何事，买任何商品和服务，一定要遵循这个原则：追求一流品质。在一次培训课上，为了证明这一点，我请每个学员举一个因小失大的例子。我摘取了一些如下：

"我从一家低档商店买了一套衣服，虽然价格很便宜，但质量实在不敢恭维。"

"我的车该换自动变速器了。我没去授权维修店，而去了街边一家维修店，他家要价便宜25美元。不过，所谓的新变速器只用了1800公里就报废了，他们说什么也不肯给我换。"

"为了省钱，我连续几个月都在一家低档饭馆吃饭。这家小饭馆既不卫生，饭菜又不好吃，而且根本谈不上服务，简直就是一些邋遢鬼！有一天，一个朋友邀请我去城里一家高档饭店吃饭。他点了商务午餐，我也要了一份。食物很美味，服务很周到，而且环境优雅舒适。最让我吃惊的是，收费只比那家低档饭馆高一点点。从中，我学到了非常重要的一课。"

这样的例子不胜枚举。有人雇了个廉价的会计，被国税局找了麻烦。还有一个人，去了一家廉价的诊所，结果拿到了错误的诊断。还有些人请二流的公司装修，住二流酒店，买二流的东西和服务，都为此付出了惨重的代价。

当然，人们经常会反驳说："我没那么多钱追求一流品质啊"。答案很简单：除了追求一流品质，你别无选择！从长远来看，追求一流品质反倒比你拿二流的东西将就的成本要低。而且，东西少而精要远远好过多而杂。例如，有一双真正好品质的鞋子要胜过两双质量一般的鞋子。

　　人们会下意识地将品质作为评价标准。养成追求一流品质的习惯吧！比追求二流付出的代价更低，而且一定会有所回报！

快速小结

　　1. 要注意所处的环境。正如饮食塑造身体，思想养分也会塑造思想。

　　2. 选择有利的环境，规避有害的环境。不要受那些抑制因素的影响，不要被那些总说你不行的消极人士所左右，不要总想着会失败。

　　3. 不要让心胸狭隘的人拖你的后腿。那些人就是嫉妒，就是想看到你失败。千万不要让他们得逞。

　　4. 向成功人士咨询。你的前途至关重要。那些失败人士主动给你提意见，要勇敢地拒绝他们，不要让他们毁了你的前程。

　　5. 让心中充满阳光。结交新朋友，要有发现新鲜事物的眼睛，要勇于尝试。

　　6. 切断思想毒药散布的途径。不要散布谣言，不要说别人坏话，只说别人的好话。

　　7. 做任何事都要追求一流，你别无选择！

The MAGIC
of Thinking Big

第八章

让态度成为你的盟友

你会揣摩人心吗？或许，读懂别人的心思并没有你想象得那么困难。或许你从来没有注意过，你每天都在揣测别人的心思，别人每天也都在揣测你的心思。

我们是怎么做到的呢？其实，这是一种不自觉的行为。我们通过判断别人的态度来揣测他们的心思。

还记得平·克劳斯贝（Bing Crosby）几年前唱的那首歌吗？那首风靡一时的《不会说我爱你也没关系》（*You Don't Need Language to Say You're in Love*）。短短几句歌词蕴含了丰富的应用心理学的哲理。不会说"我爱你"也没关系。爱过的人都知道这个道理。

你根本不需要任何语言，就可以表达"我喜欢你"，"我讨厌你"，"我认为你很重要"，"我认为你不重要"，"我羡慕你"等感情。同样，你也根本不需要任何语言，就可以表达"我喜欢我的工作"，"我很无聊"，"我饿了"这些感情。表达不需要语言。

我们的思想会通过行为表现出来。态度就像一面镜子，能够反映出一个人的思想。

你能看出桌子后面坐的那个家伙的想法。观察他的表情和习惯，你就能感觉到他是否喜欢自己的工作。不管是销售员、学生、妻子，还是丈夫，你都能读懂他们的心思。其实你每天都在揣测他们的想法。

那些经久不衰、热门抢手的影视演员，从某种意义上来说，根本就不是在表演。他们并不是在表演各种角色，而是已经忘记自我，把自己当成那个角色来思考，来感受。他们必须感同身受，否则，他们的表演看起来就假惺惺的，名声也会一落千丈。

态度不止能看出来，还能听出来。如果秘书接电话的时候说"早上好，这是修梅克先生的办公室"，短短几个字，不但履行了职责，还表达出"我喜欢你，很高兴你打来电话，我觉得你很重要，我喜欢我的工作"的内在感情。

另一位秘书，说的话一模一样，听起来却让人觉得："真希望你没打这个电话。我好烦。我觉得我的工作好无聊。我讨厌你们这么烦我。"

通过表情、语气和音调变化，我们可以听出大家的态度。在漫长的人类历史上，语言出现得很晚。最初的语言和我们现在使用的语言差异很大。在语言出现之前，人们只能呜咽嘟囔，发出哼哼哈哈的声音，但照样能够交流生活。

在长达几百万年的漫长岁月里，人类没有语言，只能用肢体语言和面部表情来交流。现在，我们依然用同样的方法来表达态度与想法。此外，我们只能通过身体接触、肢体动作、面部表情和声音与婴儿交流。这些小家伙非常厉害，是真是假他们一下子就发现了。

美国领导力领域最权威的专家欧文·斯科尔（Erwin H. Shell）教授曾说道："显而易见的是，除天资和能力外，成功还深受其他因素的影响。根据多年的经验，我越来越相信，这个关联因素或者催化剂可以概括为一个词，那就是态度。如果我们有正确的态度，我们就能够将能力发挥到极致，自然就会得到最好的结果。"

态度的确很重要。有了正确的态度，销售员可以完成配额；有了正确的态度，学生可以考到A；有了正确的态度，婚姻会美满幸福；有了正确的态度，待人接物更得体；有了正确的态度，你更有成为领袖的潜能。在任何情况下，正确的态度都是你成功的法宝。

培养下面这三种态度，帮你更好地为人处世吧。

1. 我很有活力。

2. 你很重要。

3. 服务第一。

现在让我们来看看如何培养这三种态度吧！

○ 培养"我很有活力"的态度

多年前，我上大二的时候，选修了一门美国历史课，这门课给我留下了非常深刻的印象。倒不是因为我学到了多少知识，而是因为上这门课让我学到了一个基本的成功法则：要想激发他人的活力，首先要激发自己的活力。

这门课是在一个扇形的阶梯教室上的，学生很多。教授是个中年人，学识渊博。不过，很可惜，他的课讲得实在是太没意思了。历史本来是多么鲜活、有趣的一门课啊！可他只是流水账般地叙述一个又一个干巴巴的历史事件。他竟然能把这么有趣的课上得这么无聊，也算是个奇葩！

你能想象课堂是什么样子！学生们不爱听讲，说话的说话，睡觉的睡觉。后来，课堂纪律实在乱得不成样子，这位教授不得不让两位助手在过道来回巡视，让聊天的学生们闭嘴，把那些睡着的学生叫醒。

偶尔，这位教授也会停下来，用手指着学生，教训我们："我警告你们：请你们注意听讲！别再说话了！就这些！"然后，他就继续讲课。当然，根本没人听他的话。有很多学生是刚刚退伍的老兵，前不久，他们还在岛上用炸弹创造历史呢！他们刚从战场上捡了条命回来，所以天不怕地不怕的。

我坐在那里，本想享受美妙的历史之旅，结果却只能眼睁睁地看着这场恶心的闹剧。我一直问自己"为什么学生对教授的话充耳不闻呢？"

慢慢地，我找到了答案。

学生对教授讲的内容完全不感兴趣，是因为教授本人对他讲的内容就毫无兴趣。从他讲课的方式就能看出，他肯定早就受够历史了。要想让别人兴致勃勃，自己首先必须要充满激情。

根据多年的经验，我敢说这绝对是真理。我可以举几百个例子来证明。一个无精打采的人永远都提不起别人的兴趣，但是有激情的人很快就会吸引追随者。

有激情的销售员永远不用担心消费者对产品没兴趣；有激情的老师永远不用担心学生对课程不感兴趣；有激情的牧师永远不会因教徒昏昏欲睡而苦恼。

激情具有10倍的功效。两年前，一个公司的员工为红十字会捐了94.35美元，今年，这些员工的工资差不多，但总共捐了近1100美元，增长了11倍。

去年的发起人完全没有激情。他只随便说了几句，"我觉得这个机构还行吧。""当然，我从来没有直接和红十字会打过交道。""机构规模很大，主要是靠富人捐献，所以，你们捐不捐其实无所谓。""如果你们想贡献一点，就来找我吧。"这位发起人没能激起别人的兴趣。人们觉得帮不帮无所谓，更别说积极参与了。

今年的发起人则完全不同，他热情洋溢。他举了一些活生生的例子，告诉大家，在灾难降临的时候，红十字会总是第一时间挺身而出；每个人的捐款都很重要。他让各位员工想一想，如果他们的邻居遭遇了不幸，他们愿意捐多少钱来帮助他们，那就捐多少给红十字会。他还说："看看红十字会做的那些善事吧！"请注意，他并没有乞求，也没有给人们下命令"你们每个人必须捐多少多少美元"，他只不过是向人们展示了他对红十字会的热情，让大家了解了红十字会的重要性。募捐自然很成功。

想想我们身边那些每况愈下的俱乐部和社区组织吧！要想让这些组织重新焕发生机，可能就需要激情。

你投入多少激情，就能相应取得多少成果。

激情其实很简单，只要你觉得"这实在是太棒了！"就可以了。接下来，我会告诉你原因。

以下三个步骤可以培养激情。

1. 深入了解。 我们先来做个小测验。先想两件你完全不感兴趣或者几乎没什么兴趣的事情，可以是扑克牌、某种音乐，或某种体育活动。然后，问问自己："我对此了解多少呢？"几乎可以肯定地说，答案一定是："没什么了解。"

我不得不承认，多年来，我对现代艺术毫无兴趣。我总觉得现代艺术就是把些线条随意拼凑起来，粗制滥造，根本不像艺术。直到有一天，有位非常热爱现代艺术的朋友给我做了详细讲解，我对现代艺术的看法才有了改观。之后，随着对现代艺术更深入的了解，我竟迷上了现代艺术。

这件事让我明白了培养激情的重要性。如果对某事完全不感兴趣，可以通过增加了解，培养起对这件事情的激情。

十有八九你对大黄蜂不感兴趣。不过，只要你仔细研究，对大黄蜂有所了解，比如其对人类的益处，与其他蜂类的交流方式，繁殖方式以及冬眠之地等，我敢肯定你会对大黄蜂产生真正的兴趣。

有时，在培训课上，我会以花房为例，向学员们展示如何通过"深入了解"来培养激情。我故意不经意地问他们"你们谁对生产、销售花房感兴趣？"，我从来没有听到过肯定的回答。接着，我向他们详细介绍花房的相关情况。随着生活水平的提高，人们对非生活必需品的需求越来越多。美国有很多女士喜欢自己种植兰花和菊花。建个花房只须花600美元，相对于私人游泳池来说成本很低，如果成千上万的美国家庭能修得起私人游泳池，那能修得起花房的肯定有上百万家。在这些家庭中，如果有2%决定建花房，那这个产业的价值可高达6亿美元。此外，还可以配套提供花卉和种子，产值可再增2.5亿美元。

十分钟前，学员们还对花房毫无兴趣，现在，他们的兴趣高涨，都不想讨论别的话题了。

运用这个技巧吧！培养对他人的兴趣和激情吧！尽量去了解他的职业，他的家庭，他的背景，他的想法，他的目标，你会发现你对他的兴趣越来越浓厚，对他越来越有激情。不断挖掘，你肯定会发现和他共同的兴趣爱好。不断挖掘，你最终会发现他的迷人之处。

这个技巧不但适用于人，也适用于地方。几年前，我的几个年轻朋友决定从底特律搬到佛罗里达州中部的一个小城市。他们把房子卖了，把工作辞掉，和朋友互道珍重之后，就彻底搬走了。

6个星期之后，他们又搬回来了。他们搬回来与工作无关，就是嫌环境不熟悉。用他们自己的话来说："我们实在受不了在那个小城市生活。再说了，我们的朋友都在底特律呢。所以，我们一定得回来。"

后来我找机会和他们聊了聊，我找到了他们不喜欢那个小城市的真正原因。他们只在那个城市呆了6周，对当地社区的了解非常肤浅，只知道它的历史、未来发展计划和居民构成。所以，他们根本就是身在曹营心在汉。

很多经理、工程师、销售员在职业生涯中都会面临同样的困境。公司想把他们派到外地工作，但他们不想去。"我就是不想调到芝加哥（或旧金山、亚特兰大、纽约、迈阿密）"——每天有很多人向我诉苦。

有一种办法可以培养对一个新地方的兴趣。那就是，下定决心去了解这个新地方。尽可能了解所有的情况；和当地的人们交往；从第一天开始，就像主人翁一样去思考，去感受。这样做的话，你就会对新环境充满激情。

现在，成百上千万美国人在做股票投资，当然，对股票市场毫无兴趣的人更多。原因就在于这些人根本就不了解股票市场的业务及运作方式，也没有感受到公司运营的精妙之处。

不管面对人、地方，还是东西，要燃起激情，必须要深入了解。

深入了解后，你就能培养起兴趣。下次你手头有事要做，但又提不起兴趣的时候，或者无聊的时候，运用这个原则吧！深入挖掘，你一定会兴趣盎然。

2. **做任何事都要充满热情！**以人们的一言一行都能看出他是否有热情。

握手要热情。握手时，一定要表达出这样的信息："很高兴认识你"，"很高兴再次见到你"。如果握手的时候畏畏缩缩，战战兢兢，那还不如不握。人们会觉得"这个人死气沉沉的，没有生气。"你可以试着寻找一个握手畏畏缩缩的成功人士。估计你永远都找不到。

微笑要热情。要用眼睛微笑。没人喜欢假惺惺、僵硬的微笑。微笑的时候，要充满热情。露出几颗牙齿。也许你的牙长得不好看，不过，那并不重要。在你微笑的时候，人们看不到你的牙齿，他们看到的是你的热情和个性，看到的是一个值得他们喜欢的人。

道谢要热情。如果感激之辞只像例行公事或条件反射似的，那不过和"哼哼哈哈"一样，毫无意义，也没什么效果。说"谢谢你"的时候，要充满激情，要让别人真切地感受到"我真的非常感谢你。"

说话要热情。著名的语言学专家詹姆士·班德尔博士（Dr. James F. Bender）在其著作《How to Talk Well》中写道："当你说'早上好'的时候，你很真诚吗？当你说'祝贺你'的时候，你有热情了吗？当你问'你好吗'的时候，你听上去真的对别人感兴趣吗？当你习惯于真诚地讲每一句话的时候，你会发现自己更加引人注目了。"

如果你说话真诚，人们就愿意和你相处。让你的话语充满激情和活力吧！不管是和园艺俱乐部成员、潜在消费者，还是和孩子们说话，都满怀激情吧！人们可能会在几个月甚至几年后，还对一次充满激情的布道津津乐道呢！可如果布道枯燥乏味，绝对等不到下个星期日，人们就会忘得干干净净。

讲话有活力，你浑身上下自然就会活力四射。现在就试一下。请用力地喊出来："我今天感觉棒极了！"说完之后，难道你不觉得自己焕然一新吗？让自己浑身上下都充满活力吧！

让自己活力四射吧！不管是做事还是说话，一定要让人们觉得"这个家伙激情四射！""他说话算数！""他前途无量！"

3. **传播好消息**。你我估计都有过这样的经历。有人突然闯进来，说"我有个好消息。"他很快就吸引了所有人的注意力。好消息不只可以吸引注意力，还能让人开怀大笑，热情高涨，甚至还可以开胃。

当下，传播好消息的人少，传播坏消息的人多。千万不要被这种现象所误导。一味地散播坏消息，既交不到朋友，也赚不到钱，没有任何好处。

把好消息带回家吧！告诉他们今天有什么好事发生。回忆一下那些开心、愉快的事情，将那些不愉快的事情埋藏在心底吧。只说好消息。把坏消息告诉家人毫无意义，反倒让家人担心、紧张。每天都把阳光带回家。

你有没有注意过，小孩子从来不会因天气而心生抱怨。即便天气再热，他们也泰然处之。直到听了很多负面宣传后，他们慢慢意识到，原来温度的高低会带来不同的感受。不管天气如何，都开心地面对吧！要养成这样的习惯。抱怨天气只会让你更加痛苦，也会把痛苦的情绪传染给别人。

向别人传递正能量吧！要时刻感觉"好极了"！抓住机会，大声说"我感觉好极了！"，你的感觉会更好！同理，如果你一直告诉别人"我感觉不好，实在是糟糕透了"，你肯定会觉得更糟糕。我们的感受在很大程度上取决于我们的想法。同时，请一定要记住：人们喜欢和活力四射、充满激情的人交往。和萎靡不振、抱怨不休的人在一起，人们总觉得不舒服。

给你的同事们带去好消息吧！鼓励他们，只要有机会就赞扬他们。把公司的好消息与他们分享！耐心倾听他们的问题，帮助他们。拍拍别人的肩膀，鼓励他们，赢得他们的支持。安慰他们。给予他们希望。让他们知道，你相信他们能够成功，你对他们充满信心。要学会缓解他们的焦虑。

经常做做下面这个小测试，可以确保你不偏离正轨。每次和别人交谈完，都要问问自己："他和我聊过之后，是不是真的感觉好些了呢？"这个训练技巧效果明显。和员工、同事、家人、客户，甚至是仅有点头之交的人交谈的时候，都试试这个技巧吧！

我有个做销售的朋友特别擅长传播好消息。每个月他都要定期拜访客户，每次都会带去好消息。

比如说："上个星期，我碰到了您的一个好朋友，他托我向您问好。""自从咱们上次见面，发生了些大事。单上个月就有35万个婴儿出生。新生儿越多，咱们的生意就越红火。"

我们往往把银行老总想象成刻板、冷漠、不懂感情的人。但我认识的那位银行老总可不是这样。他接电话的时候，最喜欢这么说："早上好！世界多么美好啊！我可以再卖给你点钱吗？"是不是不太像大银行家说的话呢？有人可能会这么认为。但其实这位银行家是米尔斯·莱恩（Mills Lane），美国南方市民银行的董事长，这是美国东南部规模最大的一家银行。

好消息会带来好运。尽情传播吧！

最近，我去拜访了一个牙刷生产厂的老板。他的办公桌上立着一块牌子，面对访客的那面写着："告诉我好消息吧！要不然就闭嘴！"对此，我大加赞赏，我对他说，我觉得这样做很聪明，可以鼓励人们乐观向上。

他笑了，说道："这样提醒别人，效果确实不错。不过，从我这个角度来看更为更要。"他把牌子翻过来，给我看了看背面，上面写着："告诉他们好消息吧！要不然就闭嘴！"

传播好消息会让你活力焕发，让你的自我感觉良好，也让别人感觉更好。

○ 培养"你很重要"的态度

下面这个事实至关重要：每个人，不管是印第安人，还是印第安纳波利斯人，不管是愚昧无知，还是聪明绝顶，不管是文明有教养，还是粗鄙野蛮，不管年龄大小，都有着同样的渴望："人人都渴望受人重视。"

想想看吧！每个人，是的，每个人，包括你的邻居，你的妻子，你的老板，包括你自己，天生都有一种欲望，一种想做重要人物的欲望。在所有非生理性欲望中，这种欲望最强烈、最不易被压制。

广告界翘楚深知人们对声望、荣誉、认可的这种渴望。但凡有效的广告，广告标题都是"为精明的年轻主妇而备""品味高雅的人士专用""只给你最好的""赢得所有人的羡慕""为你赢得所有女性的羡慕，所有男性的仰慕"。这些标题其实都表达了同样的信息："购买这个产品吧，从此你就跻身名流了。"

满足这种渴望，会带你走向成功。满足这种渴望吧！这是你走向成功的一个原动力。（在继续阅读之前，请把这句话仔细阅读两遍。）但是，尽管"你很重要"这种态度很有效，且不产生任何成本，却鲜有人采取这种态度。在这里，我们先解释一下原因。

从哲学的角度来看，不管是宗教、法律，还是文化，都建立在"每个人都很重要"这个基础上。假设你驾着私人飞机，在一个无人居住的山区因飞机故障而迫降。人们一得到消息，就会立即开始大规模的搜救工作。没人会问："失事的那个人重要吗？"除了你是个活生生的人之外，他们可能对你一无所知，但他们照样会出动飞机、直升机、地面搜救部队进行搜救。要么把你救出来，要么确定没有任何生还希望，否则他们就算花上成千上万美元，也不会停止搜救工作。

要是小孩子在森林里迷了路，或者掉进井里，或者陷入其他危险，没人关心这个孩子是不是家世显赫，人们都会倾尽全力来拯救孩子的生命。只因为，每个孩子都很重要。

我们完全可以大胆地猜测，人类可能只占到所有生物的一千万分之一。从生物学的角度看，人类绝对称得上是稀世珍品。在上帝眼中，每个人都很宝贵。

接下来，让我们再从实用的角度来分析这个问题。很不幸的是，当人们从哲学思考转向日常生活的时候，他们好像觉得"每个人很重要"这个观念过于理想化，所以随随便便就将其抛之脑后。明天，你仔细观察一下人们的态度。看看是不是都是"你无足轻重，你不重要，你在我眼中一文不名……"？

人们总觉得"你不重要"，这是有原因的。大部分人看到别人，总觉得"他对我没用。所以，他不重要。"

但是，人们犯了一个最根本的错误。其实，不管地位高低，收入多寡，每个人都很重要。有两个关乎切身利益的重要原因：

第一，如果你让别人感觉自己很重要，他们更愿意为你付出。多年前，我在底特律工作的时候，每天都要坐同一辆公交车去上班。开车的老头性子很急。好多次（有成百上千次了吧），我看到乘客气喘吁吁地跑过来，拼命朝他摆手，大声喊着让他等一等，眼看着乘客再有一两秒就到车门口了，他却关门启动了。连续几个月，我只见他对一位乘客尤为关照，总要耐心地等他上了车才关门。

为什么呢？因为这位乘客经常花心思和司机聊天，让他觉得自己很重要。每天早上，他都会诚恳客气地和司机打招呼："早上好，先生。"有时候，这位乘客会坐在司机旁边，夸他"身为司机责任太重大了"，"每天交通状况这么差，开着车来回穿梭，您真是了不起"，"我发现您开车总是很准时"。这位乘客让司机觉得自己很重要，感觉像开了一架载满180位乘客的大型喷气式客机。反过来，这位司机对他也特别礼貌客气。

让小人物觉得自己很重要，会有巨大的回报。

现在，美国上下有成千上万个销售员，他们个个都有销售助理，这些助理的作用很关键。如果好好对待助理，助理就会帮他们提高销量；反之，则会坏他们的事。让别人感觉重要，他们就会发自内心地关心你，愿意为你付出。

只要你让对方感觉自己很重要，顾客会增加消费，雇员会更加努力地工作，同事们会竭尽全力配合你，老板也会想办法帮助你。

如果能让重要人物感觉自己很伟大的话，回报更高。有大思想的人通常能看到别人最好的一面，能让他们发挥更大价值。因为他能看到别人的潜质，所以能够将他们的潜能发挥到极致。

接下来，该说第二个原因了。如果你让别人感觉很重要，你自己也会感觉很重要。

我认识一个电梯操作员，大约50来岁，其貌不扬，看起来死气沉沉。我坐电梯上上下下见过她很多次，感觉她浑身上下都写满了"我不重要，有没有无所谓"。显然，她也想做个重要人物，不过她完全没有这样的机会。有成百上千万人和她一样。他们虽然活着，但是，从来没有人注意过他们的存在，也没有人关心他们。

认识她不久后的一天早上，我注意到她做了个新发型，一看就是自己在家里弄的。虽然不是很漂亮，但看起来确实比以前好看。

所以我就说："S小姐（我特别打听了一下她的名字），我很喜欢你的新发型。看起来很漂亮。"她脸红了，说："谢谢您，先生。"听了我的话，她开心极了，都差点忘了摁电梯。显然，她很喜欢这句恭维。

第二天早上，我一走进电梯，她就和我打招呼："早上好，舒瓦茨先生。"在我印象中，还从未听过她和别人打招呼。随后几个月，她也只和我这么打招呼，原因就在于我让她感觉很重要。我真诚地赞美她，还叫出了她的名字。

我让她感觉很重要，作为回报，她也让我感觉很重要。

我们别再自欺欺人了，如果在内心深处都丝毫不觉得自己很重要，那这个人注定平庸，没有任何前途。务必要记住：要成功，必须要觉得自己很重要。

让别人觉得自己很重要对你有好处，会让你觉得自己很重要。试试就知道了。

1. 学会感恩。 别人为你做了事情，一定要向他们表达你的感激之情，绝对不要让他们觉得他们替你做事是应该的。向他们温暖、真诚地微笑吧！看到微笑，别人就知道了你的心意，他们会感受到你的善意。

学会感恩，就要让别人知道你需要他们。说一声"吉姆，我真不知道没有你我们该怎么办"，这样的话会让别人觉得自己不可或缺，他们自然会有更好的表现。

学会感恩，就要真诚地赞美别人。人们渴望赞美，不管是两岁还是二十岁，九岁还是九十岁，是人就会渴望赞美。人们希望得到别人的肯定，希望别人说"你干得不错！""你很重要！"不要觉得只有伟大的成就才值得你赞美。事情再小，也不要吝惜赞誉之辞。人们的外表，人们把日常工作做得井井有条，人们提出自己的想法，人们一如既往地努力等等，均值得赞美。可以写一封信，也可以专门打个电话，或者专程登门拜访。

不要试图把人们划分等级，什么"非常重要"、"一般重要"、"不重要"，完全是浪费时间，浪费精力。对谁也不要有例外。不管是收垃圾的，还是公司副总裁，每个人都很重要。如果把某人当成二等公民，他肯定没有一流的产出。

2. 学着称呼别人的名字。有些精明的厂家，在皮箱、铅笔、圣经上写上顾客的名字，这些产品往往卖得很火。人们喜欢别人叫自己的名字。听到别人能把自己的名字叫出来，人们往往觉得受宠若惊。

不过，有两点须特别注意。一是发音必须准确，二是拼写必须准确。如果你弄错了，对方会觉得你根本不重视他。

另外，还请注意一点。和不太熟悉的人打招呼时，请在名字前面加上合适的称呼，如先生、小姐、女士等。办公室跑腿的也不喜欢别人叫他琼斯，更喜欢被称作琼斯先生。你的助理也一样。各个阶层的人们都一样。加不加这些称谓，看起来是小事，其实不然，加个称呼，人们就觉得自己很重要。

3. 不要为自己邀功请赏，要把过去的成绩转变为未来的资本。最近，我参加了一个为期一天的销售总结大会。在晚宴后，公司负责销售的副总裁为一男一女两位区域经理颁发了奖励，他们负责的区域上一年度的销售额均再创新高。之后，副总裁请他们每人做个15分钟的报告，分享他们的经验。

第一位区域经理（之后我了解到，他做区域经理才三个月，所以，功劳不全是他个人的）站起来，开始分享经验。

他话里话外就一个意思，好像销量增加全是他一个人的功劳。他不断往自己身上揽功，"接手之后，我开始……""我来之前事情乱糟糟的，但我快刀斩乱麻，理出了头绪。""有这样的销量绝非易事，正是我从不言放弃，终于掌控了局面。"

在他讲话的时候，我看到他手下那些销售员的脸色越来越难看，憎恨的情绪蔓延开来，这位区域经理光顾着给自己揽功，完全忽视了他们的贡献。其实，销量增加全靠这些销售员，但他们的努力和付出完全没有得到认可。

接着，第二位区域经理站起来，简短地讲了几句。这位女士的方法正好相反。她一开口，就先说道，销售业绩是整个团队共同努力的结果。然后，她请每位销售员起身，一一向他们表示感谢。

注意一下这两位区域经理的区别。第一位经理把所有功劳都揽在自己头上，把整个团队都得罪了，导致团队士气低落。但第二位经理受到表扬后，转而赞扬自己的整个团队。这位经理清楚，赞美就如同投资，可以赚得红利。她知道，赞美团队的每一个人，第二年，他们一定会更努力地工作。

记住，赞美就是力量。上级表扬你之后，一定要将赞美传递给你的下属。这样做，其实是告诉下属：你们功不可没，我很赏识你们。那他们一定会深受鼓舞，会有更出色的工作表现。

每天做做下面这个练习，你会收到意想不到的回报。每天都问问自己："今天，我能做点什么，让我的妻子和孩子感到更加幸福呢？"

这个练习貌似简单，但效果显著。在一次营销培训课上，我们一起讨论"如何通过营造幸福的家庭环境来促进营销"。为了说明我的观点，我问这些销售员（他们都是已婚人士）："除了圣诞节、结婚纪念日和她的生日，你最近一次买礼物，给爱人惊喜是什么时候的事呢？"

听到他们的回答，我惊呆了。当时班上一共有35个销售员，只有1位上个月给他老婆买了礼物，大部分人回答说是3到6个月之前。还有1/3的人根本记不清了。

想一想，如此忽视自己的另一半，男人们还总嫌自己的妻子不把他们当国王一样对待呢！

我想让这些销售员体会一下贴心礼物的神奇力量。第二天晚上，在培训结束前，我请一位卖花人来到教室。我引荐了一下这位卖花人，然后对他们说："我想让你们感受一下，小小的惊喜对营造温馨的家庭氛围有多么重要。我已经和他商量好了，一朵美丽的长茎玫瑰花只卖50美分，你们每人买一朵。当然，如果你们钱袋里没有50美分，或者觉得你们的老婆不值50美分（他们都笑了），我可以替你们掏钱。很简单，你们今晚把玫瑰花送给妻子，明天晚上告诉我们效果怎么样。当然了，千万别告诉她是教授让你买的。"

他们频频点头。

第二天晚上，他们都说，仅仅投资了50美分，就让他们的妻子感到很幸福。而且无一例外。

经常用心给家人些惊喜吧！不一定非要买昂贵的东西。重要的是你是否用心。不管做什么事情，只要能让他们看出你把家人放在第一位，就可以。

要得到家人的支持，就要用心对待他们，要关心他们。

现代社会，大家都忙得团团转，好像永远抽不出时间来陪家人。其实，如果我们好好计划，总能挤出时间来。我有位朋友是公司副董，他告诉我和家人相处的诀窍，而且说非常管用。

"因为我工作多，任务重，实在没办法，每天都得把工作带回家去做。但是，我不会因此而忽略我的家人，因为他们才是我生命中最重要的财富。他们也是我努力工作的动力。我做了个时间表，保证我既能陪伴家人，还能好好工作。每天晚上7:30至8:30之间，我会专心陪两个孩子。一起玩游戏，讲故事，画画，回答他们的问题。总之，他们想做什么，我就陪他们做什么。一个小时的陪伴，不但令他们很满足，我也觉得很放松。到了晚

8:30，孩子们就上床睡觉，我就静下心来做两个小时的工作。

十点半，我就放下工作，和妻子共度一个小时。我们一起谈谈孩子，谈谈她自己，谈谈家庭计划。总之，在这段时间，我心无旁骛，专心陪妻子。一天就这样完美地结束了。

我把星期天也留给了家人。一整天都陪他们。我发现，这样有计划地陪伴家人，不但对家人有好处，也让我时刻精神饱满。"

○ 想要赚钱吗？培养服务第一的态度吧！

事实上，想要赚钱，想要积累财富，是天经地义的事情。有了金钱保障，你和你的家人才可以过上想要的生活，才能帮助那些不幸的人们，才能真正享受生活。

伟大的牧师卢梭·康威尔（Russel H. Conwell）鼓励人们赚钱，却因此饱受指责。在其著作《钻石就在你家后院》（Acres of Diamonds）中，他给出了完美的回答："没有钱，靠什么来印《圣经》，修教堂，派传教士，雇牧师呢？如果赚不到钱，可没那么多人愿意免费做牧师。"

若是有人说他不想赚钱，甘愿困苦一生，那么，要么他是视金钱如粪土，要么就是感觉自己没有能力赚钱。他无非就像小孩子一样，觉得自己考不上A，进不了学校足球队，就假装说他不想考A，不想进学校足球队。

人人都渴望拥有金钱。但令人不解的是，人们赚钱的方法往往过于落后。那些认为"金钱第一"的人往往没多少钱。为什么呢？原因很简单。他们对钱太在意了，所以他们忘了要想赚钱，必须要播下赚钱的种子。

赚钱的种子就是服务！服务第一的态度能够创造财富。把服务放在第一位，金钱不请自来。

在一个盛夏之夜，我开车经过辛辛那提。车没油了，我就将车停在一家加油站。这家加油站看起来很普通，但生意好像异常火爆。

四分钟之后，我就明白为什么了。加完油，服务员打开引擎盖，检查了引擎，清理了外挡风玻璃。服务员又绕过来，和我说："不好意思，先生。今天风大，我给您清理一下内挡风玻璃，好吗？"

他很快就清理干净了。我敢说，提供这种服务的加油站可谓是"百里挑一"。

这一细微的贴心服务不但让我那天晚上在车内视线更清楚，而且让我记住了这家加油站。碰巧，之后的三个月，我先后经过辛辛那提八次，每次都在那家加油站加油。每次，他们都会提供额外服务，总会给我惊喜。非常有意思的是，有一次，我凌晨4点停下来加油，发现加油的车还不少。总之，我大概从这家加油站加过100加仑的汽油。

我第一次加油的时候，那位服务员原本可以这么想："这个家伙不过是路过，又不住在辛辛那提，他再经过的概率大概不到5%吧，应该就是一锤子买卖！正常加油就行了，我干嘛要费劲提供其他服务呢？"

但是这个加油站的服务员可不这么想。他们把服务放在第一位，所以，别的加油站看起来冷冷清清，生意萧条，他们的生意还那么红火。而且我并没注意到汽油有什么特别之处，价格也并不便宜。

差别就在于服务，很明显，提供优质的服务给他们带来了丰厚的利润。

我第一次加油的时候，那位服务员为我清理了内挡风玻璃，就此播下了赚钱的种子。

把服务放在第一位，金钱不请自来。这是自然而然的事情。

在任何情况下，把服务放在第一位都会有所回报。我过去有一位年轻的同事，我暂且把他称作F先生。

和你认识的很多人一样，F先生整日心事重重，一心一意想赚钱，但他却从来不琢磨如何赚钱。每个星期，F先生都在上班时间，花好几个小时计算自己的收支。他开口闭口总说"我拿到的薪水最少，太不公平了。让我告诉你为什么吧。"

F先生总觉得："这个公司规模这么大，每年盈利上百亿美元。很多员工的工资很高，所以，我也应该拿更高的薪水才对。"像他这样的想法并不少见。

好几次，公司加薪都没有F先生的份。终于有一天，F先生觉得他忍无可忍了，就主动去找老板，要求加薪。大约半小时之后，F先生怒气冲冲地走了出来，看他的表情，加薪肯定没戏。

没过多久，F先生就又开始倒苦水。"你们说，难道是我疯了吗？！我说希望给我加薪，你们知道那个老头说了什么吗？他竟然有胆量对我说：'你凭什么觉得我们应该给你涨工资呢？'我说了很多理由。"F先生继续说，"我说其他人加薪都没有我的份。我现在经济负担越来越重，但是工资一点都没涨。我对他说，他们让我干什么，我就干什么，一直勤勤恳恳，任劳任怨。

你们觉得我说的没道理吗？他们不给我涨钱，倒是给其他人涨，那些人根本没我这么缺钱啊！

哼！他好像觉得我在装可怜，求他做善事似的。他就扔给我一句：'我们会根据你的表现来决定，该给你涨工资的时候我们自然会涨。'

当然了，如果他们给我涨工资，我肯定能做得更好。傻子才会白费力气呢！"

F先生是个典型例子。这样的人根本就不知道该如何赚钱。他说的最后一句话一语道破了他的错误。F先生想让公司先涨工资，然后再给公司创造更多财富。这不符合游戏规则。实际上，恰恰相反。不能你说自己有潜力，公司就给你涨工资。只有在你做出更好的成绩后，公司才可能给你涨工资。没有付出，就没有回报。不播种，哪来的收获？必须先播下服务的种子。

真的，把服务放在第一位，才能赚钱。

想想那些电影制片人吧！究竟哪些制片人能够赚钱呢？有些制片人希望赚快钱，总想走捷径，他们把钱放在第一位，把娱乐观众（也就是电影的服务功能）放在第二位。他们随随便便买个二流的本子，再找个二流的编剧改编一下，再用二流的演员、布景和录音。这些制片人把观众当傻子，总以为他们分不出好坏。

于是，他们赚钱的希望常常落空。二流的影片，一流的价格，有谁去看？！怎么可能赚钱？！哪有这种好事？！

真正赚大钱的是那些把娱乐放在第一位的制片人。他们没有光想着票房，他们只是竭尽全力娱乐观众，给观众惊喜，从而博得观众的喜爱和业界好评。口口相传，票房自然高。

我想再强调一下，只有把服务放在第一位，金钱才会不请自来。

如果服务员能为顾客提供最好的服务，小费自然少不了。但是，如果明明看到咖啡杯空了，还假装没看见（可能心里琢磨干嘛要给他们加咖啡呢？他们看起来又不像是会给小费的样子），肯定得不到额外的报酬。

如果一个秘书把信件弄得漂漂亮亮，超出老板的期望值，那老板未来一定会给她加薪。相反，如果这个秘书抱有这样的想法"不过有几个小错误，干嘛费那劲呢？他们一个星期才给我发65美元，他们总不能奢求太多吧！"，那么，我敢打包票，她的工资肯定涨不上去。

如果业务员能够为客户提供完善的服务，就不用担心会失去客户。

要培养服务第一的态度，那就给人们提供意想不到的服务。这个法则虽然简单，但是效果显著。每多做一件小事，就会播下一粒金钱的种子。主动加班，缓解部门工作压力，可以播下金钱的种子；为顾客提供额外服务，会播下金钱的种子（因为顾客可能会变成回头客）；提出提高工作效率的好点子，也会播下金钱的种子。

播下金钱的种子，自然可以收获金钱。服务第一，则报酬自来。

每天花时间问问自己："我可以给别人什么惊喜呢？"然后，把答案付诸实施吧。

把服务放在第一位，会有回报的。

快速小结

简单地总结一下，要不断培养正确的态度，助你迈向成功。

1. 培养"我很有活力"的态度。投入多少热情，就会有多大收获。可以用下面这三种方法来激励自己。

（1）深入了解。如果你发现自己对某件事不感兴趣，不妨深入挖掘，多学习，多了解。更深入的了解可以激发你的兴趣。

（2）做任何事都要朝气蓬勃。你的微笑，你的言谈，你的握手，甚至你走路的样子，都要充满活力。

（3）要传播好消息。只传播坏消息，绝对成不了事。

2. 要培养"你很重要"的态度。如果你让别人觉得自己很重要，他们会愿意为你付出更多。记住，要抓住一切机会赞赏他人，这样，他们会觉得自己很重要；要称呼别人的名字。

3. 培养"服务第一"的态度。把服务放在第一位，金钱不请自来。要给别人提供意想不到的超值服务。

The MAGIC
of Thinking Big

第九章

正确看待他人

　　成功离不开别人的支持，这是成功的一个基本准则，一定要把这句话牢牢记住。从现在迈向成功，你需要跨越的唯一障碍，就是得不到他人的支持。

　　换个角度来看就很容易理解了：经理离不开下属的支持，如果下属不执行命令，总裁只会炒这位经理的鱿鱼，而不会迁怒于他的下属。销售代表离不开消费者，如果人们不消费，他的工作绝对寸步难行。同理，学院院长必须倚仗教授的配合，才能做好教育工作。政客需要选民给他投票，作者需要读者来阅读他的作品。连锁店巨头之所以成功，全靠职员的支持和消费者的认可。

　　在历史上，确实有人仅凭武力来夺取并巩固自己的地位和政权，只要有人不从，就会受到武力威胁。那时，人们别无选择，要么与所谓的"统治者"合作，要么提着脑袋反抗。

　　现如今，时代不同了。人们可以自愿拥戴你，也可以选择不支持你。

　　诚然，要想成功，必须赢得他人的支持。那么，我们就必须思考："怎样才能树立领导地位，赢得他人的支持呢？"

　　概括成一句话，就是：要正确看待他人。正确看待他人，人们就会喜欢你，支持你。

⭕ 赢得他人好感的十条成功秘方

人们经常召开各种委员会或会议，讨论能不能聘用某人，某人能不能升职，某人能不能加入俱乐部，能不能授予某人某种荣誉，某人够不够格做公司董事长、导师或销售经理。每天成千上万出类似的好戏都会上演。在会上，评委们要对候选人进行审核。主持评审的人往往会问："你们对某某人的印象如何？"

各种评价接踵而至。有的时候，人们会给出正面的评价。比如说，"这个人不错，大家对他的评价很高。他也有技术背景。"

"××先生吗？他风度翩翩，通情达理。我觉得他能很快融入我们小组。"

有的时候，评价就不冷不热，甚至很负面。"我觉得我们应该再深入了解一下。他好像不大会和别人相处。"

"我知道他的学术背景和专业背景都没什么问题。我并不怀疑他的能力。我只是担心别人不能接受他。别人好像不太尊重他。"

我们发现，十有八九，人们首先会提到喜不喜欢这个人。绝大多数情况下，对一个人是否有好感比他是否有专业背景更为重要。请千万记住这一点。

甚至在大学里，上面的原则也同样适用。我自己就有切身体会。有好多次，在教授评选会上，评审小组都要慎重考虑："他能不能融入这个集体？""学生们会不会喜欢他？""他能和别人合作吗？"

是不是觉得不公平，不够专业呢？不是这样的。如果学生对这个老师没有好感，那学习效果肯定好不到哪去。

请记住：**在职场，没有一个人是被拉上去的，人们都是被抬上去的。**

在现代职场中，晋升的过程非常漫长，非常痛苦。没人会有时间、有耐心一步一步把一个人提拔上去。一个人只有比其他人表现更突出，才有可能被提拔。

之所以能够晋升，全靠别人喜欢我们、认可我们。多交一个朋友，多赢得一份好感，就多一份晋升的机会。性格越随和，喜欢你的人越多，就越容易获得晋升的机会。

成功人士都会制定具体计划来增进别人的好感。你也有类似的计划吗？虽然很多顶尖人物从来不提具体的技巧和细节，可实际上，很多大人物都制定了明确清晰的计划以增进别人的好感。有些人甚至还制定了书面方案。你想不到吧？

以林登·约翰逊总统为例。在当选美国总统之前，他就总结出了十个成功秘方，从而培养了惊人的说服力。观察他的行为，我们可以发现，他时刻在遵循这十条规则。这十条成功秘方如下：

1. 学着记住名字。如果记不住名字，表示你的兴趣不高。

2. 要随和，让别人觉得呆在你身边不拘束，很舒适。就像穿了一双合脚的旧鞋子。

3. 要养成放松、从容不迫的心态，遇到事情，不要轻易生气。

4. 不要妄自尊大，不要给别人留下一种"我无所不知"的印象。

5. 要培养有趣的品质，让人们总能从你身上学到东西。

6. 要改掉性格中乖戾刁钻的一面，包括一些下意识的东西。

7. 要尝试着消除各种积怨和误会，远离怨恨，要真诚。

8. 要学着喜欢别人。最终，你将真心喜欢每一个人。

9. 在别人取得成就的时候，要真心祝福，在别人痛苦、失望的时候，要真诚地表达同情与慰问。

10. 给予别人精神力量吧！他们将真诚地爱戴你。

这十条金科玉律看似简单，实则具有强大的力量。因为约翰逊总统不断运用这些原则，所以他更容易得到选民认同，赢得国会的支持，更容易被人们"抬"上高位。

再好好研读一下。你注意到了没有？里面没有"以牙还牙，以眼还眼"的报复哲学，没有"让别人主动来找我和好吧"这样的被动想法，也没有"我知道别人都是蠢货"那样的偏见。

那些大人物，那些顶尖的企业家、艺术家、科学家和政治领袖都很随和。他们最擅长于赢得他人的好感。

但是，千万不要试图用钱来换取友谊。友谊不是用钱就能买来的。如果人们发自内心地喜欢某个人，赠送礼物确实可以增进友谊。但是，如果虚情假意，那送礼通常不过是还人情，或者是贿赂罢了。

去年，圣诞节前的一天，我拜访一家中型卡车公司的总裁，一番交谈后正准备离开他的办公室，这时走进来一个快递员，交给这位总裁一瓶酒。酒是当地一家轮胎翻新公司送给他的。我的朋友显然气坏了，他冷冰冰地请这位快递员把礼物退回去。

快递员离开后，我的朋友赶忙向我解释："千万不要误会，其实，我喜欢送别人礼物，我也喜欢别人送我礼物。"

他说今年好几个生意场上的朋友送来圣诞节的礼物，他都收下了。

"但是，"他继续说道，"如果送我礼物纯粹是为了和我做生意，那就无异于贿赂，这样的礼物我坚决不会收。3个月前，我和那家公司中断了生意往来，原因是他们的产品不合格，公司员工的服务态度也不好，可那家公司的销售代表还是不停地给我打电话。最让我恼火的是，"他继续说道，"上周，这个销售代表又来我办公室。他竟然大言不惭地说：'我们真的想继续和你做生意。我会告诉圣诞老人，让他今年对你格外眷顾些。'如果我不把他们的酒退回去，我敢说，下次他进我办公室后，说的第一句话肯定是：'我们送你的酒喝得爽吧？'"

朋友怎么能花钱来买呢？企图用钱来收买友谊，一定会赔了夫人又折兵。不但浪费钱，而且还会被人瞧不起。

○ 主动去结识更多的朋友

我们常常很自然地想"让他先采取主动吧。""等着他们给我们打电话吧。""等着她先和我说话吧。"把责任交到别人手上，我们当然更轻松。

而且，忽视别人也很容易。

的确，那样做是天性使然，而且那样做确实轻松不费力。不过，那样做并不对。如果你总想着让别人先迈出第一步，你必定交不到朋友。

实际上，真正具有领导力的人往往会主动结识别人。下次，你注意观察一下就会发现，在一大群人中，那些最重要的人物往往最活跃，他们往往会主动介绍自己，结识别人。

一个大人物会走向你，伸出手，说："你好。我是杰克。"仔细想想，你就会发现，他之所以能成为大人物，就是因为他主动和很多人交往。

要正确看待他人。正如我的一位朋友所言："他可能觉得我并不重要。但对于我来说，他很重要。所以，我一定要主动去认识他。"

你有没有注意过：在等电梯的时候，如果不是和熟人在一起，人们从来不和旁边的人交流，空气仿佛都凝滞住了。有一天，我决定做个小实验。

我下决心在等电梯的时候，和身边的陌生人交流。我尝试了25次，每次我都能收到积极友好的回应。

现代社会，主动和陌生人讲话可能确实显得有点突兀，不过，人们大多并不反感。而且，这样做很有好处。

温暖的话语就像春风，拂过陌生人的心田，让他感觉暖意融融。同时，你自己也更放松，自我感觉更好。每次和别人讲暖心的话，你自己都会有所收获。这有点像在寒冷的冬天给汽车预热。

采取主动，广交挚友，有六种方法。

1. 不管是参加聚会还是会议，不管是坐飞机还是工作，总之，抓住一切机会，主动介绍自己。

2. 让别人记住你的名字。

3. 要正确说出别人的名字。

4. 把别人的名字写在纸上，拼写一定要正确。人们往往对自己名字的拼写格外在意。如果可能的话，要到对方的地址和电话。

5. 如果你想和他们保持联系，给他们写个便条或者打个电话。这一点非常关键。成功人士认识新朋友后，往往会及时跟进。

6. 同样重要的是，与陌生人交谈要友好。做好准备，迎接未来的机遇吧！

在工作中运用这六条原则吧！只有这样，你对别人的态度才算适宜。相信我，普通人绝不会这么想。普通人绝不会采取主动，他们只会坐等别人先作自我介绍。

采取主动吧！向成功人士学习吧！**跳出你的舒适区，主动去认识别人吧！**不要害羞，不要害怕与众不同。主动去了解别人吧，让别人也了解你吧！

○ 调整思维模式，找到每个人可敬可爱之处

最近，一家公司要招聘一个工业产品销售员，委托我和我的同事筛选简历。我们发现，有个申请人（我们暂且称作泰德）条件非常好。他精明能干，外貌俊秀，也很有上进心。

但是，我们发现了泰德的一个缺点，让我们不得不暂时把他的简历放到一边。泰德是个完美主义者，对别人非常严苛。说话犯个语法错误，或者是身上有烟味，抑或穿衣服没有品位，类似的小事都让他受不了。

我们向他指出来的时候，泰德非常惊讶。他特别想得到这份高薪工作，所以就问我们怎么来改正这个缺点。

我们给他提了三点建议。

1. **要认识到：世上无完人。**有些人确实比较完美，但谁也不可能完美无缺。是人，都会犯错误。这是人类的共性。

2. **要认识到：人人都有权力与众不同。**不要显得自己是上帝似的，好像无所不能。不要因为别人有不同的习惯和爱好，或者和你喜欢的服饰、信仰、党派或汽车型号不同，就讨厌他们。你可以不认同别人的做事方法，但是你不能因此就讨厌他们。

3. **不要到处指手画脚，妄图改变他人。**要将宽容作为你的人生哲学。人们大多讨厌别人指出"你错了。"你有权利发表自己的看法，但有时候最好还是别说出来。

泰德认真听取了我们的意见，并且一丝不苟地改正。几个月后，他焕然一新，像变了一个人。他不再走极端，看问题不再非黑即白，他开始接受别人本来的样子。

"另外，"他说，"过去有些事我一看就烦，现在却觉得还蛮有趣的。我终于明白，如果人人都一样，人人都很完美，那这个世界该多无聊呀。"

没有人尽善尽美，也没有人一无是处，世间本无完美之人。事情就是这么简单。一定要记住这一点。这点至关重要。

如果我们不能很好地克制自己，在每个人身上都能发现可憎之处。同理，如果我们能够调整自己的思维模式，正确看待他人，在每个人身上都能找到可爱可敬之处。

我们可以把思想比作一个广播站。有两个频道，一个是积极频道，一个是消极频道，所有信息都要从这两个频道播出。

现在我们来了解一下这个广播站的工作原理。假设今天，你的上司，雅各布先生把你叫进办公室，谈了谈你最近的工作表现。首先，他表扬你做得不错，然后，他给你提了一些具体的建议，希望你把工作做得更好。到了晚上，你自然会细细回想领导的话。

如果你打开消极频道，你会听到这样的话："要小心！雅各布盯上你了。他根本就一无是处，你根本不需要听他的建议。见鬼去吧！还记得乔告诉你的事情吗？他说的对，雅各布现在就是想像压迫乔一样压制你。一定要起来反抗。下次，他要再把你叫进办公室，一定要反抗。最好还是别等了，明天就去找他，问他这么批评你到底是什么意思！"

如果你打开积极频道，你会听到这样的话："雅各布先生真是不错。他提的建议非常有道理。如果我能根据他的建议进行改进的话，一定可以把工作做得更好，还有可能会升职加薪呢。这个老头可帮了我大忙了。明天，我要去他办公室当面感谢他。比尔说的对，雅各布这个领导真不错。"

在这种情况下，如果你被消极频道所诱导，一定会犯错，会给你和上司的关系留下致命的嫌隙。但是，如果你听从积极频道的话，肯定能从上司的建议中受益，而且，可以和上司走得更近。你去办公室感谢他，他一定会赏识你。试试吧！

请记住：如果你总收听积极频道，或者总收听消极频道，时间长了，就会变成一种习惯，再换频道都难。这很正常，不管是积极的想法，还是消极的想法，都会引发一系列连锁反应。

或许，刚开始，你可能只是觉得一个人的口音让你不舒服，但很快，其他不相关的小事也会让你不痛快，比如，他的政治主张、宗教信仰、开的车、个人习惯、夫妻关系，甚至是他梳头发的方式，你都觉得不顺眼。以这种方式思考，你的目标肯定实现不了。

你是自己思想的主人。所以，你要管理好自己的思想广播站。和别人相处的时候，要习惯于打开积极广播。

如果消极频道插播进来，那就立刻关掉，切换到积极频道上来。换频道其实很容易，你只要想想那个人的某个优点就可以了。然后，连锁反应是，你会发现他的一个又一个优点。最终你也会为此而欢欣喜悦。

独处的时候，是收听积极频道还是消极频道，完全取决于你自己。但是，和别人交流的时候，你积极或消极时对方也会产生一定的影响。

我们必须牢记一点：大多数人并不懂得如何"正确看待他人"。所以，经常会有人跑到我们跟前，讲熟人的坏话。一个同事跑来告诉你另外一位同事如何如何讨厌；一个邻居告诉你另一个邻居家里如何如何不和；客户会向你细数竞争对手的毛病，弄得你都想对他们敬而远之了。

一种思想会滋生类似的思想。听了他们的负面评论，你很可能也会对那个人产生一定的看法。而且，如果你不小心，可能会添油加醋"就是，还有呢，你有没有听说……"这种话无异于火上浇油，极其危险。

这种事最终会让你自食其果。

有两种方法可以让我们免受他人影响，不对第三者产生负面的印象。一种方法是尽快巧妙地转移话题，比如说，"不好意思，约翰，我想起来了，我是想问你一件事……"第二种方法是找借口脱身，比如"不好意思，约翰，我要迟到了……"或者"不好意思，我着急交个材料，我得先走了。"

要下定决心，不让别人的偏见影响自己的判断。要做积极频道的忠实听众。

一旦你掌握了这个技巧，只看到别人好的一面，你一定会获得更大的成功。接下来，我和你们分享一个成功的保险推销员的故事。他只看到别人好的一面，所以收到了丰厚的回报。

"我刚开始卖保险的时候，"他说，"形势特别严峻。卖保险的人多如牛毛，好像比买保险的顾客还要多。很快我就明白（这在保险业是个公开的秘密），人们十有八九都觉得自己根本不需要买保险。

"我现在做得风生水起。但你知道吗？其实并不是因为我比别人更懂保险业务和各种保险条款。千万不要误解我的意思，熟悉业务当然很重要。可是，比我更专业的业务员遍地都是。我认识的一个业务员，还专门出了一本关于保险的书。可是，他向时日不多的病人都推销不了保险。

我成功的秘诀，"他继续说道，"就是我真心喜欢顾客。我想再强调一遍，我真心喜欢他们。有些业务员假装喜欢客户，但是没有用，他们谁都骗不了。假的就是假的。举止、眼神、面部表情，一看就假惺惺的。

"和其他业务员一样，我也会了解潜在客户的信息，比如年龄、工作、收入、有几个子女等。

"但是，和其他业务员不同的是，我还要发掘客户的几个可爱之处。什么都行，可以是他的工作，也可以是他过往的经历。无论如何，我一定要让自己真心喜欢上这位顾客。

"每次和顾客接触，我就先回想一下自己为什么喜欢他。所以，在开始向他介绍保险之前，我已经在大脑中建立了一个可爱的顾客形象。

"这个技巧虽不起眼，却十分管用。因为我喜欢他，所以迟早他也会对我产生好感。很快，我们就不再对立，而是坐在一起，共同为他制定未来的保险计划。因为我们是朋友，所以他信任我，相信我的判断。

"当然了，人们不可能一下子就对我产生好感，这需要一定的时间。但我相信，只要我喜欢他，他迟早会改变想法，我们迟早会做成生意。

"我碰到过一个非常难缠的客户，"我这位朋友继续说道，"上周，我第三次去拜访他。开门后，还没等我开口问好，他就迎头给了我个下马威，他滔滔不绝地说些难听的话，直到他喘不上气，筋疲力尽，才说'以后不要再让我看见你！'这才算结束。

"等他说完，我站在那里，看着他的眼睛，足足过了五秒钟，我真诚地、温柔地对他说：'可是，先生，今天晚上，我是作为你的朋友来拜访你的啊。'

"昨天，他从我这里购买了一份养老保险，价值25万美元。"

○ 在交谈中鼓励他人讲话，分享其观点、想法和成就

萧尔·波尔卡（Sol Polk），人称芝加哥电器大王。曾经，他身无分文，白手起家，现在，单单在芝加哥，年销售额就达上百万美元。

萧尔·波尔卡将其成功归因于对顾客的态度。他说："我把顾客当成来

家做客的客人。"

这不正是"正确对待他人吗？"这不正是最简单的成功法则吗？把顾客当成到家里做客的客人。

出了商店，这个法则照样适用。将顾客这两个字换成员工。"把员工当成做客的客人。"给员工一流的待遇，你会得到一流的配合，一流的产出。用一流的态度来对待身边的人，他们会给你一流的回报。

我的一位密友曾经帮我审阅本书的前几版。他自己开了一家商业管理咨询公司。读到上面这几段话的时候，他评价说："上面说的都是喜欢别人、尊重别人的正面例子。下面，我给你转述一件发生在我朋友身上的真事。看看不喜欢别人、不尊重别人会有什么样的后果。"

这件事确实很能说明问题。那位朋友是这样讲述的：

"我们公司和一家小型软饮装瓶公司签了份协议，为其提供咨询。佣金还挺高的。委托人没有受过正规教育。现在公司经营惨淡，近几年，他犯了几次致命的错误，导致公司元气大伤。

双方签订合同三天后，我和同事开车去那个工厂。工厂离我办公室大约45分钟的车程。现在我已经想不起我们是怎么开始这个话题的，总之，我们在车上开始谈论起这位委托人的缺点。

说着说着，我们都觉得公司一团糟，都是他的错，都怪他太愚蠢了。一路上，我们根本没有讨论该怎么帮他解决问题。

时至今日，我都记得，当时我说了句自以为很聪明的俏皮话：'现在支撑着Q先生（委托人）的恐怕就剩下他那身肥肉了。'我的同事哄然大笑，他紧接着也说了句经典的话：'还有他的儿子。他的儿子差不多35岁了。他凭什么坐着现在的位子？恐怕就是因为他会讲英语吧！'

一路上，我们都在讨论'我们的客户如何软弱，如何没脑子！'

那天下午的会议，气氛非常冷淡。现在回头想想，我们的客户肯定能够感觉到我们对他的看法。他肯定觉得：'这两个家伙以为我很蠢，我花了大把钱，他们估计只能给我说些不痛不痒的废话。'

两天后，我收到了这位顾客的一封短信，只有两句话。'我决定取消委托合同。如果已产生了费用，请将账单寄给我。'

就因为在那40分钟里，我们满脑子都是些消极的想法，所以才痛失了一个大单。让我们更为痛心的是，大约一个月后，我们听说，这位客户与外地的一个咨询公司签订了咨询合同。

如果我们能发掘出他的优秀品质，那我们绝对丢不掉这份合同。同大多数人一样，他其实也具有一些优秀品质。"

现在，我告诉你们一个有趣的办法，可以帮你们发现一个基本的成功法则。花两天时间，仔细观察一下其他人的对话。要注意观察两件事情：哪个人说话最多？哪个人最成功？

我自己就观察过上百次，我发现：**最能说的人和最成功的人往往不是同一个人**。一般来说，**一个人越成功，在与别人交谈时，表现得就越大度**。他鼓励对方表达他的想法，谈论他的成就、家庭、工作以及他所面临的问题。

在交谈时表现得大度，可以帮助你迈向更大的成功。原因有两个。

1. 可以交到朋友。

2. 可以增进对对方的了解。

别忘了，普通人最喜欢谈论自己。如果你给他这样的机会，你一定会赢得他的好感。这个方法最容易、最简单，也最可靠，你照着做，一定能交到朋友。

在交谈时表现得大度可以增进对对方的了解。这点也很重要。正如我们在第一章所提到的，要想成功，我们就要研究人。我们对他们的思想方式、优势劣势以及行为方式越了解，就越可能对他们施加影响。

下面我再举一个例子。

纽约有家大型广告公司，和其他广告公司一样，提供专业的广告服务，帮助公司推销产品。但是，这家公司有一项独特的政策。公司要求每位广告文案人员每年站一个星期柜台，听取人们对产品的意见，这样文案人员可以设计出质量更高、效果更好、更有针对性的广告。消费者的意见为文案人员提供了广告创作的源泉。

有很多公司的做法很先进，他们会和辞职的员工做离职面谈，面谈不是为了劝员工们继续留在公司，而是为了找出他们辞职的原因。然后，公司可以据此改善与员工的关系。倾听会带来回报。

善于倾听对销售员来说也至关重要。人们通常认为，一个优秀的销售员应该伶牙俐齿，能说会道。其实不然。销售员健谈并非过人之处，销售经理往往更喜欢那些善于倾听的销售员。他们善于询问，并能引导顾客给出想要的答案。

交谈时，不要喋喋不休，要学会聆听，向对方学习，这样才能交到朋友。

○ 失意时的思考方式决定你与成功的距离

与任何人交往，都要谦恭有礼，这是最好的镇定剂。即使准备再充分，口才再好，效果都不一定赶得上给别人做点小事的十分之一。正确看待他人，可以疏解失意，释放压力。从本质上来说，有压力是因为对其他人有负面情绪。所以，要正面看待他人，你会发现，世界多么美好！

真正的考验往往出现于失意之时。比如，本应该是你升职，却提拔了别人。或者是你竞选俱乐部的某个职位，却没如愿。再比如，别人对你所做的工作颇有微词。总之，一定要记住：**你在失意时的思考方式决定了你与成功的距离。**

本杰明·费里斯（Benjamin Fairless）是美国最杰出的人物之一。他出身于普通家庭，最终却成为美国钢铁集团的首席执行官。他对此给出了最好的回答。在此我们引用了《生活》杂志在1956年10月15日刊登的一段话。

"这完全取决于你看问题的角度。例如，我从来没有讨厌过任何老师。当然，和其他学生一样，我也不时会被老师惩罚。不过，我总觉得是我自己的错。我也喜欢我的每位老板。我总是想方设法让他们高兴，我从来不投机取巧，只要有一线可能，我一定要让我的表现超出他们的期望值。

我也有失望的时候。比如，有时候，我觉得该提拔我，结果却提拔了别人。但是，我从来没觉得受到了歧视，也不觉得是我们的老板不能慧眼识英才，不相信是别人耍了什么手腕，更不会一气之下就递交辞呈。我总能找到合理的解释。很明显，对方肯定更加适合那个职位。那么，我该如何提升自己，免得下次再错失良机呢？同时，即使失败了，我也从不自责，我觉得那根本就是浪费时间。"

事情不如意的时候，就想想本杰明·费里斯吧！你只要做好两件事情就行了。

1 扪心自问：我该如何提升自己，免得下次再错失良机呢？

2 不必沮丧、失望，不要浪费时间和精力自责。好好规划一下，为了下次胜利努力吧！

快速小结

简而言之，要遵循下面这些原则

1. 要随和，让别人更愿意支持你。 要学着做一个人见人爱的人，要赢得他们的支持，让他们为你注入前进的动力。

2. 主动出击，结交朋友。 抓住机会，主动向别人介绍自己。记住别人的名字，不要把别人的名字念错或写错。同样，要确保别人也记住你的名字。想要继续联络的话，一定要亲自写一张便条问好。

3. 要明白人各不同，人无完人。 不要期待别人完美无缺。记住：每个人都有权利与众不同，不要试图改变别人。

4. 锁定积极频道，只收听正面的思想。 找出别人的可爱可敬之处，不要专挑他们的缺点。不要被他人的偏见所左右，不要轻信他人的闲言碎语、一面之词。看到别人好的一面，你一定会有收获。

5. 学着在交谈中表现得慷慨大度。 向成功人士学习。鼓励对方讲话，鼓励对方与你分享他的观点、想法和成就。

6. 永远要谦恭有礼。 这样，别人舒畅，自己也舒坦。

7. 遇到挫折，不要埋怨别人。 记住：你在失意时的思考方式决定了你与成功的距离。

The MAGIC of Thinking Big

第十章

养成积极行动的习惯

一些关键岗位往往找不到合适的一流人才。各行各业的领袖人物们在这一点上有同感。正如人们所说，顶层的空间还很大。有位高级管理人员曾经说过，有很多人几乎具备了所需品质，但距离成功，还欠缺一个必要条件。那就是执行力，也就是能够付诸实施，做出成绩的能力。

不论是公司经营、高水平营销、科研，还是在军队服役，或政府任职，所有重要岗位都需要一些有执行力的人来承担。管理高层为关键岗位选人时，往往会问这样的问题："他能完成任务吗？他能够坚持吗？他是个积极主动的人吗？他是个实战派，还是只会纸上谈兵？"

所有这些问题都指向了同一个问题，那就是：这个人到底有没有执行力？

光有高妙的想法远远不够。即使想法一般，只要能够付诸实施，也远比一个胎死腹中的绝妙想法强一百倍。

著名的商业家约翰·沃纳梅克（John Wanamaker）白手起家，终得大成。他总说："空想无益。"

想想看吧！从卫星到高楼大厦，再到婴儿食物，世间万物，无一不是先有想法，然后付诸实现。

在研究人的过程中，我们发现，人可以分成两种。成功人士往往很主动，我们将其归为一类，即主动人士。而那些平庸之辈都很被动，我们将其归为另一类，即被动人士。

比较一下，我们可以发现：成功人士善于行动。他会采取行动，注重结果，注意跟踪想法和计划的实施，直到目标实现。相反，被动人士总是推三阻四，不肯行动。他们特别爱拖延，总要拖到别人开始反对，或者他做不了了，抑或实在没时间做了再说。

从很多小事上可以看出这两类人的区别。主动人士计划去度假，就会立即行动。被动人士虽然也有度假的计划，但一再推迟，总是"明年复明年"。主动人士觉得应该经常做礼拜，就下定决心，定期去做礼拜。被动人士虽然也觉得自己应该去做礼拜，但他总能找到理由推脱，就是养不成定期做礼拜的习惯。主动人士觉得应该写信祝贺某人，就立刻动笔。同样的情况下，被动人士总能找到各种各样的理由，一拖再拖，最终不了了之。

在大事上，这种区别也很明显。主动人士有了开公司的想法，就立刻着手，而被动人士虽然也有这个想法，却总能找到这样那样的"好"借口，最终使计划搁浅。主动人士年届四十，想换行，就立刻换了。同样的情况下，被动人士会犹豫不决，反复思量，最终没有任何行动。

主动人士和被动人士的差异体现在生活中的方方面面。主动人士总能实现自己的想法，所以，他愈加自信，内心充满了安全感，能够自力更生，而且收入更加丰厚。相反，被动人士从来不行动，所以只是空想，什么都做不成。此外，他逐渐丧失了自信和自力更生的能力，最终只能平庸地活着。

主动人士将想法付诸行动，被动人士总在做计划，却从来不行动。

人人都想成为主动人士。那么，让我们养成行动的好习惯吧！

很多被动人士之所以迟迟不行动，是因为他们想等条件百分之百成熟以后再行动。追求完美本没有错。但人的眼界思路、能力是有局限性的，注定会有缺陷或不足，不可能完美。所以，条件永远不可能完全成熟。

从下面这三个例子，我们可以看出故事的主人公分别是怎样理解"条件成熟"的。

○ 事例1：G先生为什么没有结婚？

G先生快40岁了，他受过良好的教育，是位会计师，目前一个人住在芝加哥。G先生渴望结婚，他渴望爱情、伴侣、家庭、孩子。好几次他都差点结婚。有一次，第二天他就要结婚了，却在头一天后悔了。每次他快要步入婚姻殿堂的时候，他就会发现对方的某个缺点。（"幸好我及时发现了，要不然我岂不是犯了个大错！"）

其中有一次特别有意思。两年前，G先生觉得自己终于找到了命中注定的那个人。她长得漂亮，性格随和，也非常聪明。但是，G先生一定要百分之百确定，才考虑结婚。有天晚上，两个人讨论结婚计划的时候，未来的G太太说的一些话让G先生心烦意乱，很不踏实。

所以，为了确保她就是最合适的妻子人选，G先生草拟了一份4页长的协议，里面列出了结婚前她必须同意的各种条款。这份协议打印得整整齐齐，看起来非常正式，里面涵盖了G先生能够想到的所有生活细节。比如说，专门有关于信仰的一章，规定了他们要去哪家教堂，多久去一次，他们可以捐多少钱；还有一章是关于孩子的，里面规定了要生多少个孩子，分别在什么时候生。

在协议里，G先生详细列出了他们能交什么样的朋友，结婚后妻子是否该出去工作，他们要在哪里生活，收入怎么来分配。在协议最后，G先生用了整整半页纸，详细说明这个女孩必须改掉哪些毛病，必须养成哪些习惯，涉及吸烟、喝酒、化妆、娱乐等方面。

G先生的未婚妻读了他的最后通牒之后，把协议原封不动地寄回给G先生，上面附了一张便条，写着："那句誓词'无论甘苦贫富，无论病痛健康'，对一般人来说就足够了。对我来说也足够了！我们结束了！"她的反应一点都不令人意外。

G先生忧心忡忡，他向我诉苦说："难道我草拟这份协议有错吗？毕竟，结婚是件大事，再小心也不为过。"

G先生的确错了。他对于婚姻确实太过于小心谨慎，其实，做任何事都不能太过小心谨慎，标准也不可设得过高。G先生不只对婚姻持这样的态度，对工作、储蓄、友谊等所有事情的态度都一样。

检验一个人是否成功，不在于他能否防患于未然，而在于在执行过程中，他能否迎面挑战，解决所有问题。我们必须保持头脑清醒，必须与"完美"达成某种妥协，否则，恐怕得无休止地等下去。因为金无足赤，人无完人。我们相信，车到山前必有路，船到桥头自然直。

○ 事例2：J先生为什么能搬进新家？

面对重大决策，我们往往会做思想斗争，是行动还是不行动，是做还是不做。

有一个年轻人选择了马上行动，最终心想事成。

J先生的情况和大部分年轻人差不多。20多岁，有老婆，有孩子，收入不高。

J先生夫妇租了间小公寓。他们梦想着拥有真正属于自己的房子。他们希望能有更大的空间，小区环境更干净卫生，想让自己的孩子有玩耍的地方。

但是买房子必须要付首付款，他们手头并没有。有一天，J先生正写支票付下个月房租的时候，他突然发现每个月的租金差不多都赶上月供了。他突然很恨自己。

J先生当即给妻子打电话说："咱们下星期就买新房子吧，怎么样？""你怎么啦？"她问道："别开玩笑了。你我都清楚，我们根本买不起。我们连首付的钱都没有。"

但是J先生很坚决："有很多夫妻像我们一样，天天梦想着可以买到属于自己的房子，但最后真正买到房子的还不到一半。总有这样那样的事情让他们一拖再拖。我们一定要买房子。我现在还不知道怎么筹集首付款，不过我们肯定能筹到。"

第二周，他们就看好了一个房子，夫妻二人都中意，虽然很朴素，但是很温馨。首付款是1200美元。现在的困难就是要想办法筹到1200美元。J先生知道，他不能走正常的贷款渠道，否则资金无法周转他的信用将受损，就没法用房子做抵押贷款了。

有志者事竟成。突然，J先生想到了一个好主意："为什么不找建筑商，让他个人借给我1200美元呢？"随后他就采取了行动。建筑商一开始不愿意，但J先生坚持不懈，最终说服了他。最后，建筑商个人借给他1200块钱，分12个月还清，每月还100美元，利息另付。

现在J先生需要想办法每个月筹措100美元。夫妻二人拼命缩减开支，每个月可以节约出25美元，但还差75美元，他还得想办法。

然后，J先生又想到了一个办法。第二天，他去找老板，说他正在买房子。

老板很为他高兴。

J先生对老板说："是这样的，老板，要买这套房子，我每个月至少要多赚75美元。我并不是请你给我加薪。"他继续说道："我知道，当你觉得该给我加薪的时候，你自然会给我加薪。我只是想找机会再多赚点钱。我发现公司有些事需要安排在周末，您能安排我在周末也上班吗？"

老板被J先生的真诚与进取打动了。他在周末给J先生安排了10个小时的工作，就这样，J先生夫妇搬进了新家。

1. 因为下定决心要付诸行动，所以J先生能开动大脑，绞尽脑汁，想办法来实现目标。

2. J先生因此更为自信。未来，再碰到这样的大事，他更有勇气采取行动。

3. J先生改善了全家人的生活水平。如果他一直等下去，等到条件完全成熟才买房子，很可能他们永远都住不上新房子。

○ 事例3：C先生想要开公司，不过 ⋯⋯

C先生是个反面教材。他的想法不错，但是一直等待，想等到条件完全成熟了再行动，结果错失良机。

二战后不久，C先生在美国邮政部的关税部门找了份差事，他很喜欢这份工作。但是工作5年以后，他对工作越来越不满，这份工作一直要坐在办公室里，每天朝九晚五，薪水又低，而且部门严格按资排辈，升职的空间很小。

然后，他想到了一个好点子。因为他非常了解进口贸易，所以他想自己创业，开一家进口公司，做小礼物、小玩具的小本生意。C先生自己就认识些做进口贸易的人，他们根本就不知道这行的来龙去脉，但也做得有声有色。

现在，十年过去了，C先生还在关税部门工作，没有挪过窝。

为什么呢？十年来，每次C先生想要辞职的时候，总有事情发生，缺钱、经济衰退、家里生了小孩、暂时需要安稳、贸易限制等等，这些事情都成了他一等再等、不断拖延的借口。

事实上，是C先生自己太被动了。他想等条件完全成熟之后再采取行动。但是，条件永远不会完全成熟，所以，他永远也不会采取行动。

空等条件成熟而不行动，必将付出沉重的代价。要避免这种想法，有两个办法。

1. 要清晰地认识到：各种障碍和困难不可避免。任何事情都伴随着一定的风险、麻烦和不确定因素。假设你想从芝加哥开车去洛杉矶，如果你想等路上绝对不会颠簸，汽车不会抛锚，不会遇到糟糕的天气，不会遇到酒驾司机，不会遇到任何危险才上路的话，你什么时候可以动身呢？绝对永远都动不了身！所以，只能是精心策划，尽量做到未雨绸缪就好了。出发前，仔细查好路线，检查车况，尽可能排除各种风险。但是，绝对不可能把所有风险都排除。

2. 要敢于直面困难，迎接挑战。一个人是否成功，不在于他能否在行动前把所有风险排除掉，而在于他遇到困难的时候，是否有解决问题的能力。不管是做生意，维持婚姻，还是做其他事情，都要做到兵来将挡，水来土掩。

根本就不可能预见所有问题！

只要有想法就付诸行动吧！五六年前，一位才华横溢的教授告诉我，他计划写本书，为几十年前的一位颇有争议的人物立传。这个想法非常有意义，也很有趣。这位教授颇有想法，而且精力旺盛，有能力去做这件事。

如果真能著书立说，他不仅能够得到内心的满足，而且将名利双收。

去年春天，我再见到他的时候，我随口问他书是不是快写完了。（谁知我一不小心犯了错，揭开了他的旧伤疤。）

没呢，他还没有动笔呢。他沉默了一会儿，内心好像在挣扎，不知道该如何解释。后来，他解释说，他实在是太忙了，事情实在太多，完全抽不出时间来。

事实上，这位教授将他的想法深埋心底，活活葬送了。他总是被消极的想法所左右，在他心中，写书工作量巨大，肯定要付出巨大的牺牲。他想象出各种各样可能失败的理由。

千万不要误解我的意思。我们承认，想法很重要。必须先有想法，然后才能去改造，去创造。没有想法的人很难成功。

然而，一定要明白：空有想法，远远不够。光有增加业务、简化工作流程的想法还不够，必须要付诸实施，才有现实意义。

每天，成千上万的人因为害怕采取行动，只能把绝妙的想法深藏心底。

之后，他们又时不时会想起来，懊悔不已。

要牢牢记住两点。第一，唯有付诸实践，才能实现想法的价值。不管想法多么精妙，如果没有实践，都属空谈，你最终将一无所获。

第二，将想法付诸实践，可以获得内心的平静。有人说，世界上最悲伤的话莫过于"我本可以……"。经常听人们说"要是我七年前开始做生意的话，那我现在一定过着光鲜的生活。""我当时就预感有这种可能，要是我那时采取行动就好了。"如果有过高明的想法，但没有实施，就会产生严重的心理后遗症。相反，如果付诸实施的话，就会获得巨大的满足感。

有好想法吗？那就行动起来吧！

行动可以战胜恐惧，树立自信！要记住：行动能够孕育自信，增强自信，无所作为则会放任恐惧。唯有行动，才能战胜恐惧。等待、拖延、推迟，只会让恐惧更加猖獗。

一位年轻的跳伞教练曾经说过："跳伞本身并不可怕，可怕的是跳伞前的等待。去跳伞基地的路上，我总是想办法，尽量让时间过得快一些。受训者总是胡思乱想，越想越害怕，结果最后惊慌失措，惊恐不已。如果第二次还没跳，那他就只能退出了。他等待的时间越长，越害怕，就越没有自信。"

专业人士在等待的时候也会紧张。据《时代》杂志报道，新闻界一代宗师爱德华·默罗（Edward R. Murrow）在播音前也会烦躁不安，紧张地冒汗。但只要一开播，各种症状就都消失了。很多演员也一样。即使再有经验，也会怯场，唯一的疗法就是走到观众面前，开始演出，把恐惧、担心和忧虑通通抛到九霄云外。

行动可以消除恐惧。一天晚上，我去拜访一位朋友。他五岁的儿子上床半个小时后，突然大哭起来。原来，他看了部科幻片，被吓坏了，害怕那些绿色的怪兽会破窗而入，将他绑架走。我发现这位父亲的处理方法特别有意思。他并没有说"儿子，别担心，什么也不会发生。没人会来抓你。好好睡觉吧"，相反，他积极采取了行动，他煞有介事地仔细检查了一下窗户，确保所有窗户都紧闭着，然后，他拿起孩子的一把塑料枪，放在床头柜上，说："比尔，万一有怪物，这把枪可以保护你。"小孩看起来彻底放心了，四分钟后，他就甜甜地进入了梦乡。

有很多人睡不着，总要吃点药才能入睡。医生经常会给病人开些温和的补药，其实并不是安眠药。对于很多人来说，只要吃点药（他们并不知道开的不是安眠药），人们就觉得踏实了。

人人都会恐惧害怕，这很正常，不过形式不同罢了。很多销售员虽然经验丰富，但依然会恐惧害怕。他们通常会在社区里多转几圈，喝上几杯咖啡，不过往往没什么效果。要战胜恐惧，唯有采取行动！

害怕给某个人打电话吗？那就拿起电话，打一个吧！打过后，就不害怕了。拖得越久，打起来越难。

害怕去医院检查吗？去吧！去过你就不害怕了。很可能你根本就没什么大毛病，即使真有病，你也知道了实情。一直往后拖的话，你会越来越担心，最终可能会积忧成疾。

害怕和上司讨论问题吗？去找他讨论吧！只有这样，你才可以战胜恐惧。

采取行动，消除恐惧，建立自信。

○ 开动思想引擎，先让它机械地转起来

有一位年轻作家，壮志未酬，直到现在还默默无闻。他说："我现在的问题在于，有时一整天甚至整个星期，我连一个字也想不出来。"

"你知道的，"他说，"写作必须有创意，有灵感，有想法，才能写出来。"

他说的没错，写作确实是份创造性的工作。可是，我还认识一位作家，写出了大量成功的作品，他成功的秘密却是：

"我的技巧就是强迫自己的大脑动起来，"他说，"我经常要赶在截止日期前交稿，所以，我不能干等着灵感来推动我的大脑，我必须先让大脑动起来，然后再找灵感。我是这么做的。我强迫自己坐在桌子前，然后拿起笔，机械地写字，想到什么就写什么，很多时候就是信手涂鸦，总之，我让自己的手和胳膊动起来，接着，我的大脑不知不觉就开动起来，想法也一个

个蹦出来。

当然，在做其他事情的时候，我有时候会突发奇想，想到一些绝妙的想法。不过，这些都是意外的惊喜。大多数情况下，灵感都是在写作的过程中产生的。"

行动具有连锁效应，这是自然法则。事情不会自发进行，我们日常生活中使用的机械设备也不会自己动起来。

加热器确实可以自动加热，但是，你必须先采取行动，把温度调好。汽车可以在自动驾驶模式下行驶，但你必须先采取行动，设置为自动模式。大脑也一样，必须先启动，才能源源不断地产生思想。

有位直销机构的区域营销经理，就培训员工用机械的方法推销，要求他们每天起早一点，每天向成功靠近一点。

"只要做过上门推销，就知道那有多么困难。"他说道，"即使是那些久经沙场经验老到的推销员，都觉得早上敲开第一扇门最难。他知道，今天肯定依然不好过，肯定会有人给他难堪。当然，想稍微拖一拖也是人之常情。他会多喝几杯咖啡，在小区转一转，或者在其他小事上消磨点时间，总之，能拖一会儿是一会儿。

培训新人时，我会这样告诫他们：要开始，就立马去做。没必要深思熟虑，也不要一拖再拖。停好车，拿好东西，走到门口，按响门铃，微笑，说'早上好'，然后开始介绍产品。不要思考，机械地把这一系列动作完成。每天就这样开始，把第一个客户看作是破冰的对象。然后，在拜访第二个、第三个客户的时候，思维会越来越清晰，产品推销越来越有效果。"

有一位幽默大师曾经说过，世界上最难的事情，莫过于从温暖的被窝里爬出来，走进冷冰冰的房子里。他的话有一定的道理。你在舒适的被窝里躺得越久，就越害怕起床，越不想起床。即使是起床这么简单的事情，如果能够采取机械行为，一把把被子掀开，起身下床，也就可以战胜恐惧。

道理很简单。成功人士不会干等着精气神出现来驱动他们，他们会采取行动让自己的思想动起来。

试试下面这两个练习。

1. **有些生意场上的事和家务活看起来很简单，但很麻烦，很烦人。对于这些事，不要多想，立刻动手，机械地把事情做完就好了。**

很多女性不爱洗碗。我母亲也不例外。但是，她总是很机械地快快洗完，然后，就可以做自己喜欢做的事情了。

每次吃完饭，她就立刻起身，拿起碗筷，什么都不想，几分钟就把碗洗完。要不然洗碗池里肯定会堆上一大堆碗筷，不想洗，又逃不掉，那才烦人呢。这样比起来，机械地把碗洗了不是挺好的吗？

今天，挑一件你最不想做的事情，然后，什么也不要想，也不要逃避，把这件事做完。这样处理杂务，效果最好。

2. **接下来，用机械的方法来提出想法，制定计划，解决问题，或者做其他需要费脑筋的事情。不要等着精力充沛了再开始事务，采取行动让你的思想动起来。**

下面这个技巧肯定能帮到你：巧用铅笔和纸。铅笔虽然便宜，但能让人集中精力。如果人们可以给我提供一间超豪华的办公室，里面铺着厚厚的地毯，装修精美绝伦，而且隔音效果绝佳，又或者给我提供一支笔、一张纸，要是让我选择的话，我肯定每次都会选择后者。只要有一支笔、一张纸，就可以集中精力，专心解决问题。

当你在纸上写下一个想法的时候，你的注意力都会集中到这个想法上。

这是因为：我们的思维和双手的动作必须保持一致。所以，当你在纸上写下想法的时候，其实，你也在大脑中"写"了一遍。事实证明，好记性不如烂笔头。写在纸上，记得更牢，也更准确。

一旦你掌握了这个技巧，不管环境多么嘈杂，你都能集中精力思考。思考的时候，拿起笔吧！写下你的想法，画个图表，哪怕随便涂鸦都行，都可以在短时间内让你的思想动起来。

◦ 现在，立刻行动

"现在"是个神奇的词语，是成功的代名词。而"明天、下周、以后、某天、有空的时候"经常就变成了"永远都不"，都是失败的代名词。许多美好的梦想未能成真，皆是因为我们总说："等哪天有空，我再开始吧。"我们应该对自己说："让我们现在就开始吧！"

例如攒钱。大家都觉得攒钱是件好事。但真正能有计划地攒钱、投资的人很少。很多人想攒钱，但真正付诸行动的人并不多。

有一对年轻夫妇计划攒些钱。比尔每月拿到手的工资是1000美元，他和妻子珍妮特每月的花销也是1000美元。夫妇二人都想攒钱，但总被这样那样的事情耽搁了。好多年过去了，他们总是说："等涨工资了就开始攒钱。""等付完分期贷款就攒钱。""这段时间太困难了，等过了这段时间再说吧。""下个月就开始。""明年就开始。"

最后，珍妮特觉得实在忍无可忍了，就问比尔："我们到底要不要攒钱啊？"比尔回答说："当然要攒钱了，不过，我们现在无从下手啊。"

但是，这次珍妮特豁出去了，准备孤注一掷。"我们总说要开始攒钱，好多年过去了，我们还是一无所有。我们攒不下钱，是因为我们总觉得自己没这个能力。现在，我们要转变一下思路。今天，我看到一个广告，上面说，如果我们一个月攒100美元，那15年后，我们就能攒18,000美元，而且还能得6600美元的利息。广告上还说，不要想着把花剩下的钱攒起来，要想着先攒钱，然后合理规划剩下的钱，这样更容易。如果你愿意，每个月我们先把你工资的10%存起来，哪怕到了月底我们只能吃饼干，喝牛奶，我们都要咬牙挺过去。"

头几个月，夫妻两个勒紧裤带过日子，很是艰辛，但很快他们就适应了。现在，他们觉得钱花了，还不如攒下来呢。

想给朋友写信吗？现在就动笔吧。想到好主意了吗？马上告诉你的上司。还记得本杰明·富兰克林给我们的忠告吗？今天的事不要留待明天！

请记住：想着"现在"就做，事情就可以做成。老想着"哪天有空的时候"再做，事情常常就黄了。

○ 改变拖延的习惯

一天，我顺道去拜访生意场上的一位老朋友。她刚刚和几位经理开会回来。我一看到她，就觉得她失望透顶，心中有事，希望一吐为快。

她说："我今天早上召开了一次会议，共叫了六位经理参加。公司最近准备调整一项政策，想听听他们的意见。可是你知道吗？六个人坐在那里，只有一个人说了点有用的话。另外两个人也开口了，不过，他们不过是鹦鹉学舌，把我的话又重复了一遍。和他们说话简直就像对牛弹琴。说实话，真不知道这些人是怎么想的！"

她继续说道，"我本以为他们会直言不讳，踊跃发言。毕竟，这次政策调整将直接影响到他们每一个人。"

"我在会上没听到什么有用的建议，可是，要是散会后你在楼道里溜达一圈，你肯定会听到他们在嘟嘟囔囔，说什么"我本来想说……""怎么没人提议……""我觉得……不行。""我们应该……"

所以，这些木头人开会的时候一言不发，等散会了，好像就活过来了，充满了奇思妙想，滔滔不绝。不过，已经晚了，没有任何意义了。"

领导希望听到意见。如果一味不露锋芒，既损人又不利己。

要养成大胆表达自己观点的习惯。每次公开表达自己的观点，你的内心就会更强大一些。把建设性的意见说出来吧！

我们都知道大学生是怎么做作业的。大学生乔预留了整个晚上做作业。但是，很多时候，本来好好的学习变味了。通常，这个晚上会是这样度过的。

乔本来准备7点开始写作业。但是，晚饭好像吃得有点多了，所以，他决定先看一会儿电视，消消食，结果，因为电视节目实在是太精彩了，不知不觉就看了整整一个小时。8点的时候，他又坐到了书桌前，突然想起来答应要给女朋友打电话，他立马站起来给女朋友打个电话，一聊就聊了40分钟（一整天没和女朋友联系了）。然后，接电话又花了20分钟。打完电话，他往书桌走的时候，突然想打乒乓球，所以就又打了一个小时的乒乓球。打完乒乓球，出汗太多，他又冲了个澡。不料，此时又觉得饿了，所以就吃了点夜宵。

就这样，本来准备整个晚上都好好学习，结果，时间不知不觉就溜走了，所有计划都泡汤了。最后，凌晨1点，他终于又坐下来，翻开书，准备学一会儿，可是，他太困了，根本就看不进去。最后，只能干脆放弃了。第二天早上，他对老师说："求您放我一马吧！昨天我一直学习到凌晨两点呢。"

乔没能行动，因为他花了太多时间做准备。不单是大学生，其他职业中也有很多"准备过度"的受害者。销售员、经理、技术工人、家庭主妇，大家其实都想鼓足勇气，开始干活。不过，他们总会和同事们聊聊天，喝点咖啡，削削铅笔，看会儿书，清理清理桌子，看看电视，处理一下个人事务，用这些所谓的准备工作来逃避。

要改变这种拖延的习惯，就要下定决心："现在条件已经成熟，立即开始行动吧！拖延没有任何好处。把时间和精力浪费在'准备'上，还不如花在做事上呢。"

○ 培养主动行动练习

一位机床厂的经理给销售经理们开会的时候，说道："我们最需要那些思路清晰，有好想法，而且能贯彻执行的人。不管是生产环节，还是销售环节都有待改进，而且，改进的空间还很大。当然，我们现在已经做得很不错了。但是，要想快速发展，我们就要不断推出新产品，拓展新市场，制定新方法，提高效率。所以，我们需要积极主动的员工，他们将是团队中的运球手，可以推动公司持续向前发展。"

主动性是指不用别人指挥，主动去做一些有价值的事情。各行各业随时都欢迎有主动性的人加入，并会为他们提供高薪。

有家中型制药厂的市场调研主管给我讲过他升迁的故事。从他身上，我们可以看到在工作中积极主动的重要性。

"五年前，我是个任务型推销员，负责与批发商联系。我发现公司没有潜在客户的汇总信息，所以就建议公司管理层开始做市场调研。一开始，他们没有意识到市场调研的重要性，所以没有采纳我的建议。

"但我没有放弃。我果断地采取行动，请求每个月出一份药物市场报告，得到了领导许可。我尽可能收集各方面的材料，坚持做研究。很快，管理层和其他销售人员对我的数据越来越感兴趣。一年前，我还在四处呼吁，一年后，公司就让我放下其他工作，专心做市场调研。

"接下来，"他继续说道，"一切就很顺利了。现在我有两个助理，一个秘书，年收入是五年前的三倍之多。"

做下面的训练，培养主动性吧！

1. 要有斗志。发现值得做的事情，就立刻开始行动！

在离我家不远的地方，有个小区，绿化美化工程做了大约2/3之后，就突然停了下来。有些人不在乎小区的环境，就搬了进去。而一些讲究居住环境的住户则亏本把房子卖掉，搬了出去。一些原本很在乎环境的住户，受不在乎环境住户的影响，也慢慢觉得环境好坏无所谓。只有一个人例外，那就是，哈里。他下定决心，要把大家召集起来，创建良好的居住环境。

一开始，哈里把几个朋友召集在一起。他指出，这个小区有巨大的发展潜力，但是，如果现在不采取行动的话，很快就会沦落成一个二流社区。哈里的激情和倡议很快赢得了广泛的支持。小区居民迅速行动起来，组织了各种清理、整理空地的活动，还成立了园艺俱乐部，启动了大型的种树活动，给小孩子修建了游乐场，甚至还修了社区游泳池。那些以前持"无所谓"态度的家庭也积极参与进来。整个小区生机勃勃，完全变了个样。现在我再开车经过这个小区，总感觉非常舒适。由此可见，只要敢于积极主动地去倡导、落实，就可以成就大事！

你觉得公司应该增设一个新部门，开发一种新产品，或者以其他方式扩大规模吗？去呼吁吧！觉得教堂需要再建一栋楼吗？去呼吁吧！想让孩子的学校有更好的设备吗？为他们积极呼吁，积极争取吧！

我敢保证：刚开始，你可能是孤身一人，但只要你的想法有价值，很快就会有许多追随者。

积极行动！勇敢地做个倡导者吧！

2. **主动承担工作。**我们每个人都有过类似的经历：想主动承担某项工作，但却最终没有说出口。为什么呢？因为我们害怕。不是害怕我们做不好，而是害怕同事们说三道四，害怕成为大家的笑柄，害怕别人说自己太爱表现，害怕别人说自己嗜钱如命，所以，很多人本想出手，最后却退缩了。

人人都想有归属感，想被团队认可、接受，这是人类的本性。但是，一定要想清楚：我想和什么样的团队共进退呢？是那种相互嫉妒、落井下石的团队，还是努力实干、追求进步的团队？孰对孰错，答案很明显。

主动承担工作的人容易被记住，会得到特别的关注。更重要的是，他敢于主动承担责任，所以就有机会展示自己的才能和抱负。总之，碰到特殊任务，去主动请缨吧！

想想你所认识的商界领袖、军队首领和社区领导，他们更像是主动人士，还是被动人士？

我敢打包票，他们肯定都是主动人士，都是真正做事情的人。冷眼旁观、被动等待的那些人绝对当不了领袖。相反，那些实干家们会吸引很多追随者。

人们对实干家们更有信心。人们总觉得实干家们知道自己在做什么。

我从未听说过人们表扬那些"从不'打扰'别人""从不采取行动""推

一下动一下"的人呢。

你呢?

快速小结

养成行动的习惯,关键要做到:

1. **做个主动人士**。做个采取行动的实干家,不要懒于做事。

2. **不要等到条件完全成熟后才行动**。这一天永远不会到来。要明白,未来肯定会遇到障碍和困难,我们必须敢于迎头而上。

3. **记住,光有想法不会成功**。只有付诸实践,这些想法才有价值。

4. **行动可以战胜恐惧,建立自信**。害怕做什么事,就赶紧着手去做。只有开始行动,恐惧才会消失。试试吧!

5. **启动思想引擎,先让其机械地运转**。不要等着思想来驱动你,要采取行动,让思想动起来。

6. **立即行动**。"明天、下周、以后"这些词都是"永远都不"的同义词,都是与失败相关联的词汇。立刻采取行动吧!做一个"说做就做"的人!

7. **直奔正题,不要把时间浪费在准备工作上**。立刻行动!

8. **要具有主动性,要敢于呼吁**。卷起袖子,立刻行动。要主动承担工作,展示你的才华和抱负。

准备好,出发吧!

The MAGIC
of Thinking Big

第十一章

如何反败为胜

　　社会工作者和慈善人士都知道，沦落在美国贫民窟的人形形色色，年龄、宗教信仰、受教育程度、家庭背景千差万别。有的年纪轻轻，有的老态龙钟；有那么少数几个是大学毕业生，有的从未受过正规教育；有的结过婚，有的还是单身。不过，他们都有一个共同之处：个个都已被挫折击垮。他们每个人都遭遇过人生的"滑铁卢"，以致毁掉终身。他们个个都迫不及待地向别人诉苦。

　　"我老婆丢下我跑了"，"我赌博输得一无所有，已经无家可归了。""我坏事做尽，遭社会唾弃，所以只能沦落此地。"他们的经历可谓是五花八门，包罗万象。

　　走出贫民窟，我们来到了普通人生活的地方。我们发现，这里与贫民窟完全是两种天地，生活习惯有天壤之别。不过，从本质上来说，这些普通人也像贫民窟的人一样，会找各种各样的借口，为自己的平庸和无所作为开脱。只不过，前者只是碌碌无为，而后者已经陷入了绝望的境地。在内心深处，这些平庸之辈也有深深的挫败感。失败的伤痕并未痊愈，依然在隐隐作痛。现在，他们每天谨小慎微，不敢跨雷池半步，虽然辛苦劳作，但从未享受到成功的荣光。他们对自己极为不满，既失望又沮丧，可又觉得是命运捉弄，只能默默忍受。

其实，他们亦已向"失败"臣服。只不过，比起贫民窟的人来说，他们对社会无害，能被社会所接受。

现在，让我们再往上走，进入成功人士的世界，那里宽敞开阔，毫不拥挤。我们发现，成功人士的社会背景亦有天壤之别。在企业经理、大牧师等顶尖人物中，有的出身富贵，有的出身穷困，有的经历了家庭变故，有的来自棉花园、玉米地，还有些甚至来自贫民窟。这些各行各业的领袖人物都曾经历过你我无法想象的艰难困苦。

将贫民窟的落魄之人、普通人和成功人士作比较，我们可以看出，他们的年龄、智力水平、家庭背景、国籍等方面旗鼓相当，但他们对待失败的态度完全不同。

贫民窟先生被打倒在地后，就一蹶不振，再也站不起来，躺在那里等死。平庸先生被打倒后，他能再跪起身来，但只会向前爬，只要爬出众人的视线，他就拼命往相反的方向逃离，以为这样就可以免受打击。

成功先生则不同。他被打倒在地后，立刻弹跳起来，从中吸取教训，忘掉伤痛，继续勇敢前行。

○ 从不在逆境中屈服

我的一个密友是位非常成功的管理咨询师。走进他的办公室，总有种走进上流社会的感觉。精美的家具、地毯，员工来回忙碌，接待的客户都是些大人物，种种迹象表明，这家公司生意非常红火。

愤世嫉俗的人可能会说："要把这么一个公司运营起来，得要多少手段啊！"他说错了！其实，不需要要手段，不需要聪明绝顶，不需要富可敌国，也不需要有多么幸运，所需要的不过是坚持，一种永不服输的坚持。

在他成功的背后，是一部不断拼搏的奋斗史。在公司开业的头六个月，他就亏掉了整整十年的积蓄；他连续在办公室住了几个月，就因为他穷得连房子都租不起；因为他坚持理想，不愿妥协，所以，他断然拒绝了很多既有前景又有钱途的生意；被拒绝上百次后，他才可能拉到一个客户。

七年，他整整花了七年的时间才走到今天这一步。他艰苦奋斗了整整七年，可我从未听他抱怨过一句。他总是说："大卫，我在不断学习呢。竞争确实挺激烈的。我卖的是服务，是一种无形产品，所以特别难推销，不过，我正在不断学习呢！"

他终于做到了！

有一次，我问他：奋斗这么艰苦，你肯定失去了很多吧？没想到，他回答道："怎么会呢！我没有失去什么，相反，我得到了很多呢。"

看看美国名人录上那些成功人士的生活吧！在成功前，他们往往屡屡失败受挫。这些精英们都遭受过种种敌对、沮丧、挫折和不幸。

阅读一下那些伟人的传记或自传吧！你会发现，他们个个都遭遇过很多挫折，但他们从未在逆境中屈服。

或许，你可以了解一下你的老板或所在城市市长的履历，或者任意选一个你认识的成功人士，仔细研究一下他们的经历，你会发现，他们都克服了看似不可能克服的巨大障碍。

成大事者，都要饱受逆境、失败或挫折的磨砺，这些挫折恰恰可以成为我们前进的动力。那么，我们该如何做呢？

据航空公司统计，商用飞机每飞行100亿英里，才会发生一次致命事故。所以，相对来说，飞机确实是一种比较安全的出行方式。然而，很不幸，航空事故仍时有发生。事故发生后，民航管理局会立刻赶赴现场，调查事故原因。专家们要把掉落在失事地点附近的飞机残片捡起来，重新拼凑，尽量还原事故经过。人们还会问询目击证人和幸存者。调查会持续好几个星期，甚至几个月的时间，直到查明事故原因。

民航局一旦找到原因，会立即采取措施，防止类似的事故再次发生。如果是因为结构缺陷，同一型号的飞机必须全部加以改进，消除潜在隐患。如果是因为机械故障，必须全部维修。实际上，现代飞机上的很多安全设施都得益于民航管理局的事故调查。

通过对事故的调查研究，民航管理局大大提高了飞行的安全系数，取得了显著的成效。

同样，医生们会在病故的患者身上做研究，以提高医疗服务质量，延长人类寿命。通常，如果一个病人死因不明，医生们就会进行尸检、解剖，查明原因，借此，对人体机能有更为深入的了解，进而可以挽救更多人的生命。

我有一位朋友是销售经理。每个月，他都要专门开一次营销会议，在会上分析失败的营销案例，通过案例重现、解读，帮助销售人员查找失败原因，避免日后犯同样的错误。

即使球队是足球场上的常胜将军，教练也会仔细分析每一场比赛，指出各个球员的错误。有的教练会把每场比赛都录下来，一一回放，这样，队员可以直观地看到自己的一举一动，找出错误动作。这样做的目的只有一个：踢好下一场球。

民航管理局的官员、成功的销售经理、医生、足球教练，以及其他领域的专家都遵循同样的成功法则：每次失利，他们都能从中有所收获。

失败后，我们经常会心烦意乱，惶惑不安，往往忘了总结经验教训。

○ 从失利中学习，我们可以反败为胜

从一个学生考砸以后的反应，教授们能看出他是否有成功的潜力。几年前，我在底特律市韦恩州立大学教书。有一次，我实在没有办法，只能给一个马上要毕业的大四学生不及格。这件事对他的打击非常大。他当时已经做好了毕业规划，如果不能毕业，简直太丢人现眼了。当时他只有两个选择。或者重修课程，等通过后再毕业，或者不拿学位证，直接退学。

我估计这个学生会很失望，也许还会据理力争。我猜对了。我向他解释说，我没让他及格，是因为他离及格的标准实在差得太远。他承认自己确实没下功夫。

"但是，"他继续说道，"我之前的成绩至少也算是中等水平。您难道不能综合考虑一下吗？"

我说，每门课程都是单独评分的，所以我不能那么做。我还说，学校有严格的学术规定，除非真的是教授自己犯了错误，否则，在任何情况下都不能修改分数。

这个学生意识到他不可能达到目的后，就开始发飙了。"教授，"他说，"很多人根本没上过这门课，甚至都不知道还有这么一门课，可他们照样步入社会后功成名就。我随便就可以说出50个人来。真该死，这门课到底有什么要紧？凭什么因为一门课的成绩不好，我就拿不到学位呢？"

"谢天谢地，"他接着说，"好在别人不会像你们这些教授一样肤浅。"

听完他的话，我稍稍停顿了约45秒的时间。（我知道，如果有人抨击你，要避免舌战，就先等上一会儿，然后再开口。）

随后，我对这个学生说："你说的没错。确实有很多成功人士并没有听

说过这门课。而且，即使你这门课没学好，可能也影响不到你的大好前程。人生漫漫，有没有学好这门课不打紧，不会影响你的成败，关键是你对这门课程的态度。"

"您究竟是什么意思？"他问道。

"是这样的，"我回答道，"不管是在学校，还是在单位，最重要的是你有没有做好分内之事。不管在哪，评价标准都一样。在单位，如果你表现不好，肯定没有升职加薪的希望。"

我再次停顿了一下，给他时间来消化我说的话。

然后，我继续说道："我可以给你提个建议吗？现在你肯定特别失望。我能理解你的心情。你肯定对我特别不满，我也能理解。我也不会因此对你有什么看法。我只想请你从正面看待这次经历。这件事其实给你上了非常重要的一课：一分耕耘一分收获，没有付出，就没有回报。记住这一点，五年后，你回想起来，肯定不会觉得今天在我这里是浪费时间。"

几天之后，我听说，他重修了这门课。我很为他高兴。这次，他成功地通过了考试。之后，他专程登门拜访，向我表达谢意。

"这次考试失利让我成长不少。"他说，"说出来您可能不信，但是您知道吗，教授，我很庆幸我第一次没有及格。"

我们可以反败为胜。失败了，一定要从中吸取教训，才能避免在未来重蹈覆辙。当我们回头再看过去的那些挫折，我们很可能会释然一笑。

影迷们永远都记得伟大的电影演员莱恩尼尔·巴里摩（Lionerl Barrymore）。1936年，巴里摩先生摔伤了臀部，未能痊愈，自此留下了残疾。人们大多以为他的演艺生涯完蛋了。但是巴里摩先生并没有放弃。他从挫折中爬了起来，在随后的18年中，他强忍伤痛，坐着轮椅，塑造了一个又一个成功的角色，走向了更大的辉煌。

1945年3月15日，在法国战场上，科文·威廉（W. Colvin Williams）跟在坦克后面前进的时候，坦克触到了地雷，结果地雷爆炸，害得科文从此双目失明。

但是，这并没有挡住威廉先生追求梦想的脚步。他顺利读完大学，获得了荣誉毕业生的称号。毕业后，他成为一名牧师和咨询师。他认为，"眼睛看不到是我的优势。因为看不到，所以我绝不会以貌取人。我会给每个人重新开始的机会。因为看不见，我不会因为他的外表就把他拒之门外。因为看不到，我才真的可以张开怀抱，拥抱每一个人。谁都可以向我敞开心扉。我终于实现了我的梦想。"

这些不都是活生生的例子吗？虽然挫折很痛苦、很残酷，但我们完全可以涅槃重生，走向成功！

所谓挫折，只不过是一种心理状态，仅此而已。

我有位朋友，一直投资股票，做得很成功。每一次投资前，他都会根据经验，谨慎评估。有一次，他告诉我："15年前，我开始做股票投资。刚开始，我好几次都赔了个精光。和很多业余股民一样，我也梦想着能一夜暴富，然而，往往事与愿违，我老是一次次破产。但是，我并没有气馁。我懂得基本的经济原理，我知道，长远来看，只要选对股票，炒股是最好的投资方式。所以，头几次赔的钱，我就当是交学费了。"他笑着说道。

还有些人，他们投资失利一两次，就走向了坚决抵制炒股那个极端。他们没有静下心来分析自己的错误，然后明智选择，而是妄下定论，认为投资股票就是赌博，必输无疑。

从现在开始，就下定决心吧！**每次遭受挫折，都从中学到点东西**。下次，不管是工作还是生活出现了差错，都别着急，找到问题的症结，这样才可以避免再次犯错。

如果我们能够从中吸取教训的话，遭受打击也不完全是件坏事。

○ 遇到挫折，多问问自己为什么，不要总怪运气

人类是种非常奇特的动物，很喜欢炫耀。成功的时候，我们想让全世界都知道。天性使然，我们想让别人敬仰地看着我们，说："看那个人，他竟取得了如此成就，真了不起！"

同样，失败的时候，人类也容易指责别人。东西没卖掉，销售员会埋怨顾客；事情出了纰漏，主管经常把责任推给下属或者推给其他负责人；家里出了问题，夫妇二人经常相互指责。

当然，世道混乱，别人有可能给我们使绊子，但其实我们大多是被自己绊倒的。失败大多是因为自己能力不够或个人失误。

要想成功，就要时刻提醒自己：我要尽可能追求完美。看待自己要客观。用第三方的目光来审视自己，看看自己有没有之前没发现的缺点。如果发现了缺点，就立马改正。很多人以为太过于了解自己，却根本就发现不了自己的不足之处。

伟大的歌剧家西丝·史蒂芬（Rise Stevens）在《读者》杂志1955年7月刊的一篇文章中说道："在我人生中最黑暗、最难过的时候，我听到了最中肯的忠告，让我受益终生。"

在事业刚起步的时候，史蒂芬小姐去参加歌剧《空中试听》的面试，结果败给了另外一个女孩子。她感觉很难过。"我想听到别人的肯定，我想

听到别人说我的嗓音其实比那个女孩的好听，只是比赛不公平，她是靠关系才赢的。"

幸好，她的老师并没有说谎话哄她。相反，她说："亲爱的，你必须鼓起勇气，面对自己的不足。"

"尽管我很想继续顾影自怜，为自己开脱，"史蒂芬小姐说，"老师的话一直在我耳边萦绕，挥之不去。那天晚上，我彻夜难眠。直到我认清了自己的不足之处，我才终于安然入睡。在黑暗中，我躺在床上，扪心自问：'这次我为什么失败了？下次我怎么才能获胜呢？'我必须承认：我的音域不够宽广，我的语言还不够完美，我一定要努力扮演不同的角色。"

史蒂芬小姐说，认清自己的不足之处，不但帮她在舞台上大获成功，而且使她更加随和，朋友更多。

自我批评具有建设性的重要意义。自我批评可以让自己更强大、更有成效，更可能成功。责备他人则会产生严重的后果。就算"证明别人错了"，你又能得到什么呢？

一定要建设性地进行自我批评。不要害怕自己有不足之处，不要逃避。要像个真正的专业人士一样，找出自己的弱点和不足，然后加以改正。这才称得上是真正的专业人士。

当然了，千万不要找出自己的不足，然后把它当成失败的另一个借口。

要从另一个角度来看，"我虽然犯了错，但我朝着成功又迈出了一大步。"

伟大的欧维尔·哈巴德（Orville Hubbard）曾经说过："所谓失败者，其实就是那些摔了跤却不知道从中吸取教训的人。"

通常，遇到挫折时，我们总会怪自己运气不好。我们总说："事情就是这样，就像皮球就是这样弹起来的！我也无能为力，就这样吧！"其实，皮球的弹跳并非没有规律，而会受到三个因素的影响：球、投掷方法和接触面。皮球的弹跳是由物理定律决定的，与运气无关。

假如民航管理局公布的公报上写着：飞机失事，我们深表遗憾，但是，命运天注定，我们也无能为力。

你肯定会说，民航管理局该被解散了。或者，假设医生这么向病人家属解释："非常抱歉，我也不知道到底是怎么回事，反正就是这些症状引起的。"

我敢说，你家亲戚再生病的时候，肯定不会找他了。

采取这种态度，我们肯定没法进步。下次要是再遇到类似的情况，仍会不知道该怎样避免同样的错误。一个球队周六输了球，教练若说"小伙子们，事情就是这样。"，那么他的话对球队毫无裨益。下周六比赛，他们还会犯类似的错误。

欧维尔·哈巴德（Orville Hubbard）担任密西根州迪尔伯恩市市长长达17年之久，他是全美最具传奇色彩、最受人尊敬的市长之一。

他用了整整十年时间才当选迪尔伯恩市市长，他本可以以"运气不好"为借口，退出政坛。

在成为常胜将军之前，他连续三次"运气不好"，未获提名。他竞选州参议员三次，均告失败。还有一次，他想竞选国会议员，结果也没有获得提名。

但是，面对挫折，他没有抱怨命运不济，而是仔细研究，把每一次失利看作是一次接受政治教育的机会。现在，他在地方政坛上稳如泰山，几乎无人可以撼动他的地位。

不要抱怨运气不好，遭遇挫折后，一定要仔细探究原因。如果失败了，一定要从中吸取教训。很多人究其一生都在抱怨命运不济，将运气不好作为自己碌碌无为的借口。这些人像孩子一样，极其幼稚不成熟，他们总想得到他人的怜悯。他们没能从中看到机遇，所以没能借机使自己变得更强大、更有力、更自立。

别再抱怨了！一味地抱怨运气不好，最终将一事无成。

○ 你的坚持，终将美好

我有个朋友是文学顾问、作家、批评家。最近，我们在一起闲聊，讨论怎么可以成为一个成功的作家。

"很多人想当作家，"他解释道，"可其实并不真心喜欢写作。他们往往浅尝辄止，一旦发现写作艰辛，须做大量工作，就望而却步。我对这些人可没什么耐心！他们想走成功的捷径，可实际上成功并没有捷径啊！"

"但是，"他继续说道，"并不是说光有毅力就够了。事实上，光有毅力，远远不够。

"最近我就认识这么一个人。他已经写了62篇短篇小说，可一篇都没发表。显然，他的目标很坚定，立志当作家。可是，他的问题在于，他写东西过于死板，一成不变，不懂得变通。他写的每个故事都套用了固定的格式，从来没有尝试着在小说中使用新的情节、人物和风格。目前，我正在帮他尝试新方法、新技巧。他的能力没有任何问题，只要他肯调整，我相信，他写的东西一定会有市场。如果他固执己见，那就只能收到一封又一封的退稿信了。"

这位文学顾问提出了非常中肯的建议。我们必须要有毅力，必须坚持不懈。不过，毅力只是成功的一个因素。如果我们没有不断地进行调整、实验，只怕再作努力，结果也都一样，成功依然遥不可及。

爱迪生堪称美国最有毅力的一位科学家。据说，他做了几千次实验才成功地发明了电灯。但是，请注意：爱迪生从未停止过实验。为了实现目标，他从不言放弃。但正是因为他坚持尝试，他的坚持才终于得到了回报。

有毅力，未必会成功。但是有了毅力，再加上尝试，一定能够成功！

最近，我偶然看到一篇关于石油开采的文章。在钻井前，石油公司会仔细研究岩石结构，即便如此，钻不出石油的孔眼仍要占到7/8。石油公司很理智，绝不会不管不顾地蛮干，而是当把油井打到一定深度，一旦确定打不出石油，他们就会挪到下一个孔眼。

很多人身怀抱负，坚毅有意志，却始终未能成功，原因就在于他们不知道尝试。坚定目标不动摇，一丝一毫都不动摇，这样做没错。但是，千万不要太死板，不要在一棵树上吊死。如果发现此路不通，一定要重新开辟一条新路。

有了不畏艰险的毅力，若再能盯紧目标，毫不动摇，这个人就具备了成功的基本品质。但是只有不断尝试，毅力才可能开花结果。

下面这两个建议可以帮你培养不断尝试的能力。

1. 不断告诉自己：这个问题总有办法解决。人类的想法具有神奇的吸引力。如果你觉得"我失败了。根本就没有办法解决这个问题"，各种负面的想法就会层出不穷，你会越来越相信自己想的对，自己已经一败涂地，无可救药。

相反，如果你认为"一定有方法解决这个问题"，那么，各种积极的想法会从大脑里蹦出来，帮你找到解决之道。

所以说，信念很重要。

当婚姻走到寻求咨询的那一步，只有当夫妻一方，最好是夫妻双方都觉得有挽救婚姻的希望，这段婚姻才有被挽救的可能。

根据心理学家和社会工作者的经验，一个酒鬼如果不相信自己能够成功戒酒，那他注定将继续沉溺于酒精的诱惑。

今年，新开业的公司多达好几千家，5年后再来看，还在运营的公司寥寥无几。失意之人大多会说："竞争实在是太激烈了。我们没有别的办法，只能退出。"真正的问题在于，遇到困难时，人们大多觉得自己注定会失败，所以，他们果然就失败了。

如果你坚信有办法解决，负能量（咱们退出吧！咱们从头开始吧！）会自动转变为正能量（让我们继续勇往直前吧！）。

只有当你觉得问题解决不了，障碍逾越不了，这些挫折才真正变成了你成功路上的拦路虎。千万不要放任自己，类似"不可能"这样的话，想也别想，提也别提。

2. 退后一步，重新开始。有时候，我们过于纠结一个问题，反倒当局者迷，看不到解决办法。

几周前，我的一个朋友受委托设计一种铝结构。这是前所未有的全新设计，以前从来没有人做过。几天前，我碰到他，问他设计进展如何。

"不怎么样，"他回答道，"估计是因为我这个夏天在花园里呆的时间还不够长吧！如果我遇到难题，绞尽脑汁也没有思路，我就必须从设计中跳出来，把脑子腾空，这样才可能有新思路。

"说出来你可能都不信，"他说，"好多次，我拿着水管子浇树的时候，一些好的设计想法突然就冒了出来。"

有一次，在新闻发布会上，记者问艾森豪威尔总统为什么要休这么多假。总统先生的金玉良言，特别适合那些想将创造力发挥到极致的人。总统先生说："我觉得任何人，不管是通用汽车的老总，还是美国总统，光坐在办公桌前，埋头看文件，根本做不好分内之事。相反，总统需要摆脱那些繁琐小事，独立思考，解决那些最根本的问题，这样，他才能做出更清晰、更明智的判断。"

我以前有个生意伙伴，每个月都和他的妻子去郊外度三天假。他发现，暂时远离工作，回来后重新开始，会让他精神抖擞，脑筋转得更快，有效提高服务质量。

遇到挫折，不要气馁，不要因此就放弃整个项目。放松一会儿，换换脑子，做些简单的事情，比如听听音乐，散散步，或者小睡片刻。然后，等你回过头来再看问题，自然而然就能想到解决办法。

此外，遇到大事的时候，看到事情好的一面，也会有所回报。有位年轻人就是这样。他说："我当时在一家大型信用调查公司工作。因为经济不太景气，公司开始裁减那些'最没有价值'的员工。就这样，有一天，我突然就没了工作。

其实，我当时的工资并不高，但是，以我的家庭背景来说，待遇还算不错。刚刚听到被解雇的消息后，我难过了好几个小时。不过，我决定看到事情好的一面。塞翁失马，焉知非福？其实，我也不太喜欢那份工作，要是我一直呆在那个公司，可能也没什么发展前途。现在，我终于有机会去做我真正感兴趣的工作了。很快，我就找到了一份喜欢的工作，而且，工资比以前还高。被解雇成了我人生中最美好的事情。"

请记住：**在任何情况下，相由心转。看到事情好的一面，就可以反败为胜。只要你目标明确，所有事情都会向着有利的方向发展。**

快速小结

是成功还是失败，取决于一个人在面对挫折、失望、沮丧时的态度。下面这五个步骤可以助你反败为胜。

1. **研究失败的原因，为成功铺平道路**。失败后，要吸取教训，下次继续努力。

2. **要勇于进行建设性的自我批评**。找出自己的缺点和不足，加以改正。这样你才能变成真正的专业人士。

3. **不要总怪自己运气不好**。遇到挫折，多问问自己为什么，找出失利的原因。记住，将失败归结于运气，最终将一无所成。

4. **将坚持不懈和不断尝试结合起来**。坚持目标不松懈，但不能在一棵树上吊死。要不断实验、不断尝试。

5. **记住：任何事情都有好的一面**。不要气馁，要看到事情好的一面。

The MAGIC of Thinking Big

第十二章

设定你的目标，然后超越它们

人类每前进一步，不管是大大小小的发明创造、医学发现、工程突破，还是经济进步，都是先设想出来，然后才变成现实的。人造卫星绕着地球转并非偶然，而是因为科学家将"征服太空"设定为自己的目标。

目标也就是目的。目标与梦想不同。**努力奋斗的梦想，才称得上是目标。**如果只是随便说一句"哦，真希望我能够……"，这算不上是目标。目标应是非常明确的"努力方向"。

如果没有设定目标，就不可能采取任何行动，也不可能有所成。没有目标，人们只会昏昏然地过生活。他们跌跌撞撞，找不到前进的方向，最终只能在原地踏步。

目标之于成功，就像空气之于生命。没有空气，我们不可能存活；没有目标，我们永远不可能成功。所以，一定要有明确的目标。

Dave Mahoney本是一家广告公司收发室的无名小卒，收入微薄，无足轻重。然而，到27岁的时候，他已经成为公司的副总裁；到33岁的时候，成为了好幽默公司的总裁。关于目标，他如是说："你之前做过什么并不重要，你现在正在做什么也不重要，重要的是你未来的目标是什么。"

雄心勃勃的公司往往会提前10到15年制定计划。公司掌舵人必须要考虑这样的问题："未来10年，公司应该发展成什么样？"这样，他们才可以根据目标来估算投入。建新厂时，不应该只满足目前的需求，而应该满足未来5至10年的需求。产品研发往往也会比产品上市提前10多年。

现代企业不会听天由命。那么，你呢？

我们每个人都应该向这些有远见的公司学习。我们也应该制定个10年规划，而且，我们完全有这个能力。现在，先想象出自己10年后的样子，这样才可能变成那样的人。这种思维至关重要。如果一家企业不提前规划，即使能在激烈的竞争中生存下来，也将碌碌无为。同样，如果一个人没有设定长远目标，那他绝对只是芸芸众生中的又一个普通人，与旁人无异，被生活磨掉了锐气，失掉了进取之心。没有目标，我们无法成长。

接下来，我举例来说明设定长期目标的重要性。上周，有个年轻人在职业发展上遇到了困惑，就来找我咨询。他彬彬有礼，聪明伶俐。大学毕业已4年，却依然单身。

我们先聊了一会儿，谈了谈他目前的工作、教育背景以及具备的资质。然后，我问他："你想让我帮你换工作，那你想做什么工作呢？"

"是这样的，"他回答说，"这就是我为什么来找您的原因。我不知道自己想做什么。"

当然，这个问题非常普遍。我知道，单单帮他安排几场面试根本就是隔靴搔痒，解决不了根本性问题。选择合适的职业，不能用试错法。现在的职业类型太多，"碰巧就找到自己喜欢的工作"，这种可能性非常小。我知道，我必须帮他明白一个道理：如果他想换工作，就必须知道自己想做什么工作。

所以，我说："让我们换个角度来看。你能给我描述一下10年后的自己吗？"

年轻人陷入了沉思，然后说道："嗯，我想我和其他人差不多，希望有份好工作，有个温馨的家庭。不过，我以前确实没有好好考虑过这个问题。"

我告诉他，有这样的想法很正常。不过，选择职业好比买机票。如果你走到柜台前说"给我一张机票"，售票的人不知道你要去哪，该给你什么机票呢？所以，我告诉他"除非我知道你的目标是什么，否则，找工作的事情我根本帮不上忙。只有你自己才知道目标是什么。"

他听了似乎很震惊，随即又陷入了沉思。接下来，我们没有探讨各种工作的优劣，而是花了整整两个小时来讨论如何设定目标。我相信，他学到了职业规划中最重要的一课：要出发，必须先确定目的地。

一定要像那些雄心勃勃的公司一样，提前制定规划。从某种意义上来说，你自己就是一个公司。你的才干、技巧和能力就是产品。要想卖到高价，就必须提前规划。

提前规划，有两个步骤。

首先，从工作、家庭和社会关系这三个方面来设想未来。这样划分，可以免得混乱和冲突，能让你通盘考虑，看到全貌。

其次，清晰、明确地回答下面这几个问题：我想取得怎样的成就？我想成为什么样的人？如何才能付诸实现？

可以参考下面的规划指南。

○ 10年后的自己：未来10年规划指南

A. 工作方面：10年后

1. 我想达到什么样的收入水平？

2. 我想承担多大的责任？

3. 我想获得多大的权力？

4. 我想从工作中收获多大的威望？

B. 家庭方面：10年后

1. 我想给自己和家人带来什么样的生活水平？

2. 我想住怎样的房子？

3. 我想如何度假？

4. 孩子刚步入成年后，我想给他们提供怎样的经济支持？

C. 社交方面：10年后

1. 我想结交什么朋友？

2. 我想加入什么社会组织？

3. 我想领导什么社会组织？

4. 我想支持什么有意义的事业？

几年前，我儿子养了一条狗，叫花生，不知是什么品种，不过它是儿子的开心果，也是儿子的骄傲。儿子求我们给花生修个狗窝。看他如此坚持，如此有激情，我们被说动了，就给花生修了个狗窝。但我们的技术实在不敢恭维。

狗窝修好后没多久，有个好朋友来我家，看到后问我："树中间放的那堆东西是什么？不是狗窝吧？我猜对了吗？"我说是的。他指出了我们犯的几个错误，最后说："你们为什么没有先制定计划呢？现在人们修狗窝前，都得先画图纸。"

所以，要大胆地设想自己的未来。现代社会，是否有远大的理想是衡量一个人的标准。人有多大胆，地有多大产，所以，设立的目标一定要远大。

下面我原原本本摘录了以前一位学员的生活计划，没有做任何修改。请仔细阅读一下。注意一下这位学员设想了多么美好的未来！在制定这个计划的时候，很明显，他确实看到了未来的自己。

"我的目标是在乡下买一处房产，那种典型的南部庄园式的房子，两层楼，有白色的柱子。整块地都用篱笆围起来。因为我和太太都喜欢钓鱼，所以我们可能会修一到两个钓鱼池。在房子后院某个地方，我还要给杜宾犬修个狗窝。我一直想要那种长长的、弯弯曲曲的车道，两边还要种着树。

但是，只有房子还不能称之为家。房子不只是吃饭睡觉的地方，我要努力把它营造成真正的'家'。当然了，我们怎么能把上帝排除在我们的计划之外呢？我们一定会坚持参加教会的各种活动。

10年之后，我想要有足够的能力带全家环游世界。我害怕孩子们很快会结婚，可能会在世界各地安家，所以我想早一点完成环球旅行。如果没有时间做环球旅行，我们就分四到五次，每次去看看不同的地方。当然，这些计划能否实现，取决于我的工作。所以，要实现这些目标，我就要一直努力工作。"

这个计划是5年前写下的。当时，这位学员只有两家小型折扣商店。现在，已经扩张到了5家。他还在乡下买了17公顷的土地。设定目标之后，他从不敢忘记，一直朝着目标前进。

工作、家庭、社会关系，人生的这3个方面密切相关，相互影响。但是，最重要的是工作。几千年前，人们还蜗居山洞的时候，那些狩猎本领最高的人生活得最幸福，也最受尊重。现代社会也一样。我们给家人提供的生活和社会地位，在很大程度上取决于我们工作是否成功。

不久前，麦肯锡顾问公司做过一次大型调查，探索成为领袖的秘密。

公司咨询了很多商界、政界、科学界、宗教界领袖，他们说的最多的是：要成为领袖，关键要有不断进取的强烈愿望。

请记住约翰·霍梅克（John Wanamaker）的建议："一个人只有全身心地投入工作，再无他求，才真正算得上努力。"

愿望，利用得好，可以源源不断地带来动力。不听从内心的声音，不去做自己最想做的事情，注定会走向平庸。

我依然清楚地记得和一个年轻人的一次对话。丹才华横溢，写作能力强，念大学时经常在学报上发表文章，前途无量。如果说谁是做记者的好苗子的话，绝对非他莫属。当时他快毕业了，我问他："丹，毕业后，你准备做什么呢？进军传媒界吧？"他看了看我，说："哎呀，当然不会。我很喜欢写作，也喜欢做报道。我在学报也做得很舒心。不过，现在记者遍地都是，不值钱，我可不想连自己也养活不了。"

之后的5年，我再没有见过丹，也没有听过他的任何消息。有天晚上，我碰巧在新奥尔良遇见他。他现在在一家电子设备公司做人事部主任助理。没聊多久，我就知道他对现在的工作不满意。"我的收入还行，公司不错，各种待遇也可以，可是，你知道的，我的兴趣不在这儿，我的心不在这儿。真希望回到刚毕业的时候，当时我真该去报社或者出版社工作。"

丹对很多事都表现得愤世嫉俗。从丹的态度来看，他根本就对现在的工作毫无兴趣。如果他不辞掉现在的工作，不投身传媒，永远也无法抵达成功的顶点。成功需要全身心的投入，而只有做自己喜欢的事情，才可能全身心地投入。

如果丹当时听从了自己内心的渴望，他现在肯定已经是传媒界的顶尖人物了。长期来看，肯定比现在赚得多，而且内心肯定更满足。

辞掉不喜欢的工作，开始做喜欢的工作，就像是给一辆已经开了10年的旧车上装了个500马力的发动机。

人人都有渴望。人人都梦想着做自己喜欢的事情。不过，很少有人真正追求梦想，相反，我们常常找五种借口把自己的梦想扼杀。

这五种借口很危险，我们必须将其根除。

1. 自我贬低。我们经常听到这样的话："我想做个医生（或者经理、职业演员，亦或者自己开公司），不过，我做不到。""我的智商不够高。""即使我尝试，也注定会失败。""我受的教育不够，我没有经验。"很多年轻人就因为这些老套的妄自菲薄之词，生生将自己的渴望扼杀了。

2. 稳定。人们总说："我现在这样就挺稳定的。"人们经常以稳定为借口，放弃对梦想的追求。

3. 竞争。"那个领域的人已经够多了，已经饱和了。""这个领域竞争太激烈了，人们相互踩着肩膀往上爬呢。"有了这种想法，渴望很快就胎死腹中了。

4. 父母专制。很多年轻人说，"我其实想试试别的行业，可我父母非让我选这个。我拗不过父母。"我相信，父母大多不是故意搞专制这一套，不是非要替孩子选择行业。聪明的父母都想看到自己的孩子成功。如果年轻人能够耐心地向父母解释自己的选择，而且父母能够耐心地聆听的话，那么根本就不会有分歧。其实，父母和子女的目标一致，那就是，成功！

5. 家庭责任。人们经常持这种态度："我要是5年前换工作就好了。现在我要养家糊口，再没机会了。"这种态度很典型，很容易把理想抹杀掉。

抛弃这些扼杀理想的毒器吧！记住：只有做自己热爱的事情，才能真正开足马力，全速前进！听从内心的渴望，你就会获得力量和热情，身体也会充满活力。

什么时候开始都不算晚！

大多数成功人士每周要工作40多个小时，但是他们从来不抱怨。因为他们目标明确，且紧盯目标不放，所以，他们的精力异常充沛。

关键在于，当你找到了热爱的事业，并且下定决心朝既定目标前进后，你的能量会成倍增加。人们一旦确立目标，全力以赴朝着目标前进，他们就会找到新的力量源泉。有了目标，人们再也不会感到无聊。甚至有了目标，一些慢性疾病都能痊愈。

让我们再深入探讨一下目标的力量吧！如果我们听从内心的渴望，全身心地投入，我们不但有体力、能量和热情来实现目标，而且，我们还会自动调整自己的行为，朝着目标勇往直前，不达目的誓不罢休。

当目标深深植根心底，我们就不会被两旁的风景所诱惑，我们会盯紧目标，奋勇直前。这绝不是故弄玄虚。当你下定决心追求目标的时候，目标就成为你潜意识的一部分。一个人的潜意识比较稳定，显意识则不然。除非显意识与潜意识完全一致，否则，显意识变幻莫测，并不稳定。如果二者不一致，人们就会迟疑、困惑、犹豫不决。当目标成为潜意识的一部分之后，显意识就会清晰、冷静、有条理，你自然会采取正确的行为。

让我们举例说明。在这个例子中，我们假想了两个角色，不过你肯定会在他们身上看到你认识的人的影子。我们暂且把他们叫作汤姆和杰克。他们两个各方面的素质旗鼓相当，只有一点不同：汤姆有明确的、不可动摇的目标，杰克则没有。汤姆非常清楚自己想成为什么样的人，他想在10年后成为公司副总裁。

因为汤姆设定了明确的目标，所以，这个目标一直通过潜意识向他发出各种指令："做这件事"，"不要做那件事，那样做无助于目标的实现。"目标一直在提醒他："这就是你想成为的样子。所以，你必须做这些事情。"

汤姆设定的目标发出的指令并非含糊不清，目标会随时给他明确具体的行为指导。汤姆买西服的时候，目标会让他做出明智的选择。目标会指导汤姆采取行动在工作中更进一步；指导他在会议中应该发表什么意见；面对冲突该如何处理；该阅读什么书籍；该采取什么立场。要是汤姆稍稍偏离轨道，他潜意识中的自动校对系统就会发出警示，帮他回到正确的轨道上来。

因为有目标，所以汤姆对各种影响因素非常敏感。

相反，杰克没有目标，所以也没有"自动校对系统"来指导他。他总是不知所措，行为摇摆不定，没有个人原则。他总是变来变去，拿不定主意。因为目标缺乏连贯性，他只能与众人一起在平庸中挣扎。

我建议你们把上面这段话再仔细读一遍。把这个观点牢牢记住。然后看看身边认识的人，仔细研究一下那些成功人士。你一定会发现，他们都全身心地追求目标，毫无例外。再仔细观察一下成功人士是如何以目标为轴心来安排生活的。

让目标指引你。让目标渗入你的每一个毛孔，让目标不断校正你的行为，直到目标实现为止。

○ 你计划完成多少，你就能做完多少

我们都有过这样的经历。有时候，星期六早上起床后，没想好该做什么，结果一整天都不知所措，到处晃荡，毫无目的，最终一事无成。终于挨到

晚上，庆幸一天终于结束了。但是如果我们早早制定好计划，就可以抓紧时间做完很多事情。

这种现象非常普遍。从中我们可以学到非常重要的一课：要有成就，我们必须做好计划。

在第二次世界大战前，科学家们就已经发现原子中隐藏着巨大的能量，但是科学家们并不知道如何分裂原子，如何将这巨大的能量释放出来。美国参战后，有远见卓识的科学家们预见到原子弹具有巨大的潜能，所以美国政府制定了曼哈顿计划，目标只有一个：制造原子弹。这个计划具有划时代的历史意义。仅仅几年时间，科学家们就齐心协力制造出了原子弹。美国随后向日本投放了两颗，第二次世界大战得以结束。如果没有曼哈顿计划，如果没有设定制造原子弹的目标，那么，原子分裂可能会推迟10年，甚至更长的时间。

设定目标，任务才能完成。

如果生产经理们没有设定目标时间，制定生产计划，那么，生产随时有停滞的危险。销售经理们清楚，如果经过仔细计算后，为销售员们下达销售指标，他们就能不断提高销售额。教授们知道，如果设下截止日期，学生们就能按时提交学期论文。

在你努力拼搏的时候，不要忘了设定目标，可以是截止日期、目标时间，也可以是指标。你计划完成多少，你就能做完多少。

○ 坚定的目标让人保持活力

乔治·伯奇博士是美国图兰大学医学院研究人类寿命的专家。他在研究中发现，一个人的寿命和体重、遗传、饮食、精神压力、个人习惯等因素有关。但是，伯奇博士说："退休回家，一天无所事事，最易导致死亡。要想活着就要对生活有兴趣。"

每个人都可以选择。退休可以是新生活的开始，也可以是生活的终点。那种"无所事事，吃了睡，睡了吃"的态度无异于自我毒害。大多数人将退休看作是有意义的生活的终结，所以，退休可能真的会终结他们的生命。没有了值得奋斗的目标，人们会日渐颓废，很快便会失去生命力。

退休后，最为明智的做法就是"重新定位，重新开始"。我最亲密的一个朋友卢·戈登就是这样。之前，他是亚特兰大规模最大的银行的副总裁，几年前，他退休了。退休倒像是他的毕业典礼，他很快就成了商业咨询师，而且以惊人的速度完成了角色转换。

卢现在60多岁了，他给很多客户提供咨询服务，而且是全国最受欢迎的巡回演讲人之一。他还做了一个特殊项目，帮助专业销售人员和销售经理们建立了兄弟会——西格玛俱乐部。这个俱乐部虽成立时间不长，但发展迅速。每次见到他，我都觉得他好像越活越年轻。他精力充沛，像个30出头的年轻人。我认识的人不少，但很少有人像他一样，把生活过得如此充实、多姿多彩。60多岁了，他还是不愿意退出江湖。

像卢·戈登这样的人绝对不会感到无聊，也绝对不会变成自怨自艾的糟老头子。

目标，唯有坚定的目标能让一个人保持活力，除此之外，再无他物有此魔力。D女士是我大学同学的妈妈。在我同学两岁的时候，她被确诊为癌症。雪上加霜的是，在此之前两个月，她的丈夫突然去世。医生说她活下来的希望非常渺茫。但D女士绝不放弃。她下定决心，一定要经营好丈夫留下的小零售店，一定要供儿子上大学。她做了无数次手术，每次医生都说：
"只能再活几个月了。"

癌症虽从未痊愈，但她就这样几个月几个月地熬着，最终多活了二十年。
她终于亲眼看到儿子大学毕业，六个星期后，安然辞世。

目标，坚定的目标让死神也低了头。

有目标，才能活得久。全世界的灵丹妙药都比不上"做事情的渴望"。
医生们对此也有共识。

○ 一步一个脚印向目标前进

那些有决心成就大事的人们明白这个道理：要一步一个脚印，慢慢来，
万丈高楼平地起。踢一次球，赢一场比赛。每进来一位顾客，百货公司的
实力就增强一分。所有伟大的成就都是由一点一滴的小进步累积而成的。

著名作家、记者埃里克·塞瓦雷德在《读者文摘》1957年4月刊登的一
篇文章中写道，他听过最有用的建议就是"再多走一里路"。下面摘选了部
分原文。

"在第二次世界大战期间，我和几个战友乘坐的飞机出现了故障，我们
跳伞落在了缅甸与印度交界处的丛林中。搜救得好几个星期的时间。我们不
能坐地等死，所以，我们开始漫长而痛苦的跋涉，准备步行走出丛林，一
直走到有人类文明的印度去。我们需要在八月酷暑和瓢泼大雨中艰难跋涉
140英里，中间还要翻山越岭。

刚走了没多远，一只靴子上的钉子就扎进我脚里，等到了晚上，我的
两只脚就磨出了50美分硬币那么大小的脓包。我能一瘸一拐地走上140英里

吗？有些战友的状态比我还差，能走这么远吗？我们知道这几乎是不可能完成的任务。不过，我们可以先爬过那座山脊，然后，再坚持到下一个友军的村庄，过个夜。然后……当然，我们只要能完成这一个个小小的目标就可以了，仅此而已。

当时，我辞掉了稳定的工作，放弃了稳定的收入，开始写一本25万字的鸿篇巨著。这个计划多么宏伟啊！如果我光想着整本书有多难写，那我肯定会放弃，那么，这本让我为之骄傲的著作也就不会问世了！所以，我强迫自己不去想下一页，也不去想下一章，只想书的下一段该怎么写。整整6个月，我摒除一切杂念，抛开其他事情，专心写书稿，写完一段，再写一段。最后，书好像'自然而然'就写成了。

几年前，我接了一个给电台写脚本的工作。到现在为止，我已经写了2000多个脚本。如果直接签个2000个脚本的合同，我肯定会觉得任务过于艰巨，肯定不敢答应。但是，他们每次只要求我写一个，写完之后再写下一个，一个又一个，慢慢就积累了这么多。"

"再走一英里"这个原则帮助埃里克·塞瓦雷德取得了成功，也可以助你成功。

实现目标，最明智的办法就是一步一步来。我听说戒烟最好的办法就是一小时一小时地戒。很多人都觉得这个办法管用。如果想一蹴而就，彻底摆脱抽烟的习惯，吸烟者根本承受不了这种心理痛苦。但是，吸烟者可以先下定决心这个小时内不抽烟，等坚持过去，再下决心下一个小时内不抽烟，一个小时、一个小时地戒。然后，等烟瘾没那么大了，把时间延长到两个小时，之后再慢慢延长到一天，最终，就可以实现戒烟的目标了。

不管要实现什么目标，都得一步一步来。初级主管要把所有任务（不管任务多么不起眼）看作是进步的机会。销售员也要靠一个订单、一个订单的积累，最终才能坐上销售经理的位置。

牧师的每一次布道，教授的每一次讲课，科学家的每一次实验，企业经理的每一次会议，都是一次机会，都可以让他们朝着更加宏伟的目标向前迈进一步。

有时候，有些人好像突然就登上了成功的巅峰。但是，翻开他们的履历，你就会发现，其实，他们一直以来都在努力奋斗，为成功奠定了坚实的基础。而那些突然大红大紫，又突然跌落到低谷的所谓成功人士，不过是些冒牌货，他们的基础不够坚实，所以，会像过山车一样，大起大落。

一砖一瓦好像微不足道，但可以建造起气派壮观的大楼。成功也是一样，是由无数个小小的进步一步一步促成的。

因此，不管需要承担什么样的任务，不管任务多小，多微不足道，都要正确对待，都要将其看成是实现终极目标的重要一步。做任何事之前，都要问问自己："这件事能帮助我实现目标吗？"如果答案是否定的，那就别做；如果答案是肯定的，那就全力去做。牢牢记住这点。

不积跬步，无以至千里。成功不可能一蹴而就。要将目标细化，制定好计划，确定阶段性目标。

审视自己，想想怎么做可以提高效率。把下面的表格作为行动指南。在每个大标题下面，记下你在随后30天里将要做的事情。然后，到30天结束的时候，看看自己有没有进步，随后，再设定下一轮目标。不断在这些小事上下功夫，才能成就大事。

○ 30天改进行动指南

A. 改掉坏习惯（下面的建议仅供参考）

1. 拖延症；

2. 消极的语言；

3. 每天看电视超过60分钟；

4. 说人闲话。

B. 养成好习惯（下面的建议仅供参考）

1. 每天早上一丝不苟地检查自己的外表；

2. 每天晚上计划好第二天的工作；

3. 抓住机会赞美别人。

C. 增加自己在工作中的价值（下面的建议仅供参考）

1. 发挥下属的潜能；

2. 深入了解公司的业务和客户；

3. 提出三条提高公司效率的建议。

D. 增加自己在家庭中的价值（下面的建议仅供参考）

1. 妻子每天会为我做很多小事，我过去太习以为常了，我需要向她表达感激之情；

2. 每周和家人做一件特别的事情；

3. 每天花一个小时专心陪伴家人。

E. 提升个人能力（下面的建议仅供参考）

1. 每周花两个小时阅读专业杂志；

2. 阅读一本能够帮助自己成长的书籍；

③ 结交4个新朋友；

④ 每天花30分钟不受任何干扰地沉思。

下次看到泰然自若、衣着考究、思维清晰、有感染力的人，一定要提醒自己：他并非生来如此。他是日复一日，不断改进自己，才成为现在的样子。所以，每天都要养成一些好习惯，摒弃一些坏习惯。

那么，现在就制定你的第一个30天改进计划吧！

每当我提到设定目标，人们总会说："我知道设定目标很重要，只是总有这样那样的意外发生，总会把我的计划打乱。"

没错，很多事情确实不是你所能控制的，比如，家人可能患了重病，家中可能有人离世，你可能会出事故，预约可能会被取消。这些事情确实会影响到你。

不过，碰到这样的情况，一定要记住，你完全可以绕过去另寻他路。如果你开着车，突然发现前方道路"暂时封闭"，你肯定不会停在那干等，也不会掉头回家。这条路行不通，你完全可以另找一条路，朝着目标继续前进。

军官们往往会制定两个方案，其中一个作为备用。如果有意想不到的状况发生，不得不放弃计划A，他们可以马上启用计划B。再举个例子。你现在坐在飞机上，即使原定降落的机场关闭了，你也不会着急。因为你知道飞行员还可以在备用机场降落，而且飞机上也有备用的燃料。

成功人士没有不绕道而行的，他们往往要走很多岔道，才能最终成功。

绕道只是走一条不同的路而已，目标并没有变。

○ 给自己投资，塑造思维开拓思路

你可能听许多人说过："我真希望当时买了那支股票。如果那样，我今天就发大财了。"

通常，谈到投资，人们通常会想到股票、债券、不动产以及其他资产。其实，自我投资可以提高技能，锻炼思维，回报率最高。

只有投资，才能创造利润。一家企业5年后的发展状况完全取决于企业当下所做的投资决策。

要获得利润，要想在正常收入之外，获得额外的报酬，我们就必须给自己投资。只有投资，我们才能达成目标。我们每个人都应该明白这个道理。

在这里，我将介绍两种自我投资的方法，未来可以给你带来丰厚的回报。

1. 投资教育。最有价值的投资就是教育。可是，我们必须搞清楚，教育究竟指什么。有些人觉得教育就是上了多少年学，拿了多少文凭、证书和学位。然而，这种量化的教育不一定能培养出真正的成功人士。

通用电气董事会主席，拉尔夫·J. 科迪那（Ralph J. Cordiner）曾说过："威尔逊先生和科芬先生是通用最杰出的两位总裁，但他们都没有上过大学。现在我们有41位高级主管，其中有些是博士，但没有大学文凭的依然高达12个。我们看中的是能力，而不是文凭。"他的话代表了企业高管对教育的态度。文凭和学位可能是找工作的敲门砖，但绝不是晋升的护身符。"在职场，企业看重的是能力，而不是文凭。"

还有一些人，认为教育是指记住了多少知识。但是死记硬背的教育方式也不能让你成功。储存信息，有书本、资料和机器就够了。如果我们只能机械地记忆知识，那麻烦就大了。

真正值得投资的教育可以开发你的大脑，培养你的思维模式。一个人是否受到了良好的教育，要用他的思维模式来衡量。也就是说，要看他是否善于思考。

教育的方式有很多种，只要能够提升思维能力就行。对于大多数人来说，效果最好的教育资源就是附近的学校和大学。毕竟，这些机构是专业做教育的。

如果你已经好久没有去过大学的话，到那里参观参观肯定会有意外的惊喜。大学居然提供这么多课程！而且，竟然有这么多人下班后去上课进修。他们可不是些冒牌货，而是一些真正有前途的人，好多人已经身居高位。最近，我给一个夜校代课，班上一共25个人，有1个是12家连锁店的老板，两个是全国性食品连锁店的采购经理，4个是有大学学历的工程师，还有1个是空军上校，还有几个也很厉害。

当然，很多人读夜校是为了拿学位。不过说到底，学位只不过是一张纸罢了。拿学位不是他们来进修的主要原因。他们主要是为了训练自己的思维，这才是有价值的投资，这才是未来最有力的保障。

千万别忘了，教育资源其实很便宜。花上一点钱，你就能一周上一节课，整整上一年。计算一下这笔钱在你的收入中占多大比例，然后自问："难道我的未来还不值得这么一点投资吗？"

为什么不马上做出投资的决定呢？去上学吧！一周一次，你将终生受益。学校能让你了解前沿发展，不断进步，永葆青春。另外，你还可以结交到志同道合、积极进取的朋友。

2. 投资"思想启动器"。

教育可以塑造你的思维，开拓你的思路，可以帮你应对新情况，解决新问题。思想启动器的作用与此密切相关，可以滋养你的思维，给你提供思考的原材料。

那么，从哪里可以得到这些想法呢？渠道很多。为什么不每个月买上一本新书，订两份专业报纸或杂志呢？这样，只花一点点钱和一点时间，你就可以和全世界最优秀的思想家对话。这些读物可以源源不断地向你提供高质量的思想。

在一次午餐会上，我听到一个小伙子说："一年得花这么多美元，我可订不起《华尔街日报》。"他的同伴显然更具有成功思维，他说："我发现，我可不能不订这份报纸。"

再说一遍：向成功者学习！为自己投资吧！

--------------------------------- **快速小结** ---------------------------------

现在，简单小结一下，实践这些成功法则吧！

1. **设定明确的目标**。要清晰地勾画出10年后的自己。

2. **制定10年规划**。写出你希望在工作、家庭和社交这三个方面取得怎样的成就。不要听天由命，把命运掌握在自己手中。

3. **听从内心的渴望**。设定目标，获得更多能量。设定目标，把事情做完。设定目标，发现生活的真正乐趣。

4. **让目标来引导你**。当你真正下定决心，你就会做正确的决定，不断向着目标前进。

5. **实现目标要一步一步地来**。不管做的事情多么微不足道，都要正确对待，都要把它看成是实现终极目标的重要一步。

6. **制定30天目标**。每天努力，一定会有回报。

7. **绕过去走另一条路**。绕道只是走一条不同的路而已，既定目标没变。

8. **给自己投资**。投资教育。投资"思想启动器"。不断提高技能，锻炼思维能力。

The MAGIC of Thinking Big

第十三章

成功和领导力相辅相成

我想再次提醒你：**请记住，你不是被拉到成功的位置上，你是被那些和你并肩工作的同事和下属抬到成功的位置上的。**

取得巨大的成功需要他人的支持和配合，而要获得支持和配合，你就必须有领导力。所谓领导力，就是让别人主动做事的能力。成功和领导力相辅相成。

在前几章中，我们介绍了一些宝贵的成功法则，这些原则可以帮你培养领导力。现在，我们再教给你4条领导力原则。应用这些法则，在办公室、企业、社交场合和家里，在任何有人的地方，我们都可以带动别人为我们做事。

这4条成功法则是：

1. 想影响别人，就要站在他们的角度思考问题。

2. 想想看，如何人性化地处理这件事情？

3. 要思考进步，相信进步，推动进步。

4. 花时间独立思考，培养超强的思维能力。

按照这4条法则进行练习，一定会有收效。每日练习，你就可以揭开领导力的神秘面纱。

现在就让我们一起探寻领导力的真相吧！

○ 成功法则之一：想影响别人，就要站在他们的角度思考问题

这条法则具有神奇的力量，可以让朋友、同事、客户、雇员按照你希望的方式做事情。让我们从下面这两个案例看看为什么吧。

泰德是一个电视广告文案，也是一家大型广告公司的总监。有一次，广告公司接了一家童鞋生产商的业务，公司委托泰德负责设计几个电视广告。

广告投放大约一个月后，基本没有产生任何效果，零售店的销量并没有增加。因为大多数城市只投放了电视广告，所以，公司要从电视广告上找原因。

公司对看过广告的观众进行了调查，有4%的观众认为广告非常精彩，称之为"史上最好的广告之一"。

但剩下的96%要么对广告没什么印象，要么用通俗的话来讲，觉得广告"惨不忍睹"。调查收集到了几百条评论，比如："广告太雷人了。调子听起来倒像是凌晨三点钟播放的新奥尔良乐队演奏曲。""我家孩子一般挺喜欢看广告的，可是每次播放这个童鞋广告，他们要么就去上厕所，要不就去冰箱取饮料。""我觉得这个广告太不接地气了。""我总觉得写广告的人是自作聪明。"

把所有反馈信息集中起来分析，人们发现了非常有趣的事情：喜欢广告的那4%的人群，不管是收入水平、受教育程度、经验兴趣，都和泰德处于同一社会阶层。而剩下的那96%，则属于不同的经济、社会阶层。

这些广告花费不菲，但没有实现预期效果，原因就在于广告设计者只从自身考虑。策划广告时，他把自己想象成买鞋子的人，而没有把买鞋的普通人考虑在内。他策划的广告只符合自己的品味，没法满足大多数人的

口味。

如果泰德可以站在普通人的角度来考虑问题，如果他能够自问："如果我是父母，什么样的广告会吸引我给孩子们买这个牌子的鞋子？""如果我是小孩，什么样的广告会吸引我让爸爸妈妈给我买这个牌子的鞋子？"如果他这样做了，结果肯定大为不同。

琼为何在零售业做不好？

24岁的琼长得漂亮，聪明伶俐，受过良好的教育。她刚刚从大学毕业后，在一家中低档成衣店里做采购助理。推荐人对她的评价很高。其中有一位的推荐信中写道："琼才华横溢，热情洋溢，有抱负，肯定能取得巨大的成功。"

但是，琼并没有取得巨大的成功。在坚持了8个月之后，琼辞职了。

我和她的上司非常熟，有一天我问他琼为什么辞职。

"琼人很好，有很多优点，但是她有一个致命的缺点。"

"什么呢？"我问道。

"琼总是采购她自己喜欢，但大多数顾客不喜欢的衣服。她总是按照自己的喜好来选择衣服的样式、颜色、材料和价格，她从来没有站在顾客的角度来考虑问题。我曾经给她提过建议，说某条产品线的衣服不适合我们店，她总说'顾客肯定会喜欢的。因为我自己就很喜欢啊。衣服肯定卖得很快。'

琼从小在富裕家庭长大，所以，她不在乎价格，只追求品质。她根本不可能用中低收入顾客的眼光来采购衣服。所以，她给店里采购的衣服总是不太合适。"

问题的关键在于：如果你想让别人按照你的想法来做事情，你就得站在他们的角度来思考。这样做，自然可以影响他们。我有个销售员朋友，做得非常成功，每次他给别人介绍产品之前，都会花大量的时间来预估顾客的反应。站在听众的角度设计演讲，可以让演讲更加有趣，更容易击中要害，更有说服力。站在员工的角度思考问题，主管的指令可以更有效、更好地执行。

有一位年轻的信贷专员曾告诉过我，他是如何成功应用这个技巧的。

"当时我在一家中型服饰店做信贷经理助理，我负责向客户出具通知，催讨欠款。服饰店使用的催款信让人大失所望。催款信用词生硬，语气带有侮辱性和威胁性。我读了以后，只觉得'天哪，如果有人给我寄这样的信函，我一定会气得发疯。打死我也不愿意付钱。'所以，我就动笔重新拟了一封信。这封信把我自己都感动了。如果是我自己收到这封信，一定会感动，肯定会把到期的账单还上。这封信果然奏效。因为我设身处地地为欠款的顾客着想，所以，我催回的欠款达到了前所未有的水平。"

数不清的政客输掉选举，就是因为他们没能站在大多数选民的角度来审视自己。有一个竞选全国公职的候选人，虽然和对手资历相当，但因为只有一小部分选民能听懂他的竞选词，所以，他以绝对劣势输给了对手。

相反，他的对手就很擅长站在选民的角度和利益来思考问题。和农民们对话，他就用农民的语言；和工人们对话，他就用工人们熟悉的语言；在电视上讲话的时候，他就用大部分选民能理解的语言，而不用大学教授才懂的那种文绉绉的话。

要不断思考这个问题："如果换成是我，我会怎么想？"这样的思维方式将指引你走上更加成功的道路。

从我们希望施加影响的群体的角度来思考问题，在任何情况下都是上上之策。几年前，一个小型电子厂发明了一种保险丝，永远都烧不断。产品定价1.25美元。公司委托一家广告公司做产品宣传。

负责这个案子的业务经理满腔热情，他计划在电视、广播、报纸上同步发布广告，覆盖全国。"我们就是要全面开花，我们的目标是第一年要卖到1000万美元。"顾问们提醒他说，保险丝并不是什么大众化的产品，没有太大的吸引力，只要能用，价格越便宜越好。顾问们建议说："为什么不把目标客户定位为那些高收入人群？选择性地在一些高端杂志上做广告呢？"

这位业务经理不听劝，铺天盖地的广告推出后仅仅六周，就因为广告效果不尽人意，被紧急叫停。

这位经理失败的症结在于：他属于高收入人群，他只从自己的角度考虑问题，而不考虑市场上大多数顾客的收入水平。如果他肯站在他们的角度看问题，就知道，瞄准高收入人群才是明智之举，那么，这次广告也不会落得如此下场。

想影响别人，就要站在他们的角度思考问题，一定要培养这样的能力。下面这些训练会对你有所帮助。

- **如何学会站在别人的角度思考问题**

情况	想获得最好的结果，就要自问：
1. 向别人下达工作指令	"从新人的角度来看，我说得够清楚吗？"
2. 设计广告	"如果我是一般的潜在顾客，我看了广告会作何反应？"
3. 打电话	"如果是我接电话，我觉得这种语气怎么样？够礼貌吗？"
4. 送礼物	"这个礼物是我喜欢，还是他喜欢？"（二者的喜好常常有天壤之别。）
5. 向别人发号施令	"如果别人也这样命令我，我愿意听吗？"

情况	想获得最好的结果，就要自问：
6. 给孩子订规矩	"如果我是孩子，也有同样的年龄、经历和情绪，我对这个规矩怎么看？"
7. 衣着打扮	"如果我的老板穿成我这样，我会怎么看？"
8. 准备演讲	"考虑到听众的背景和兴趣，我自己觉得这个演讲怎么样？"
9. 娱乐	"如果我是客人，我最喜欢什么食物、音乐和娱乐方式呢？"

这个法则可以助你成功。另外，你可以遵循以下三个步骤。

1 考虑别人的处境。站在别人的角度考虑问题。记住，他的兴趣、收入、智力和背景可能与你完全不同。

2 如果你想让别人做事，先要问问自己："如果我是他，我会作何反应？"

3 然后，再想想，如果你是他，你会因什么而动，照此采取行动就好了。

○ 成功法则之二：想想看，如何人性化地处理这件事情？

各人领导方式不同。有的人将领导视为独裁。他们从不征求下属的意见，往往擅做决定。他们不愿意聆听下属的说法，因为他们打心眼里害怕下属可能说的对，这样，他们特别没有面子。

这种独裁者不可能长久。员工们的忠诚都是伪装出来的，但这种假意的忠诚只能维持一段时间，很快就会有反抗。最好的员工陆续离职，剩下的人团结起来，准备推翻他的独裁"统治"。结果，机构不能正常运转，他在上司面前也无地自容。

第二种是冷冰冰、照本宣科的机械领导方式。他把书本当成金科玉律，完全不懂得变通。他根本不明白，不管是哪种规则、政策、方案，都只能起到指导性的作用，只适用于一般情况。这种所谓的领导把人当成机器。也许，人类最不喜欢被当成机器来对待。这种冷冰冰、没有人情味的做法并不理想。他所说的"机器们"难以发挥全部潜能。

能身居高位的领导者们使用的是第三种策略，就是我们所说的"人性化领导"。

几年前，我和约翰有过密切的工作关系，他当时是一家铝合金厂工程开发部经理。约翰深谙人性化的领导方法，并且收到了丰厚的回报。约翰善于用细节来关怀他人，用行动表明："你是活生生的人，我尊重你。我愿意尽我所能来帮助你。"

如果有下属从其他城市搬过来，他不嫌麻烦，费尽周折，亲自帮他找合适的房子。

他通过秘书和部门的两位女员工，给部门每位员工举行生日聚会。每次大约只花30分钟，不会增加什么成本，却可以赢得员工的忠诚，提高产出。

如果他了解到哪位员工信仰比较小众，就会亲自把他叫到办公室，告诉他，如果宗教节日和法定的放假时间不一致，他就单独安排他放假。

如果哪位员工或是家里人生病了，他一定会记得慰问。他也不忘一一祝贺员工在工作以外所取得的成就。

约翰人性化的领导哲学在辞退员工时表现得淋漓尽致。他的前任曾经雇佣了一个员工，但他既没有能力，也没有兴趣在这个岗位工作。约翰非常漂亮地解决了这个问题。

他并没有例行公事地把员工叫进办公室，把解雇的坏消息告诉他，然后给他15到30天的时间滚蛋。

相反，他做了两件不同寻常的事情。首先，他耐心地向员工解释，再找一份更加适合、更感兴趣的工作对他个人有好处。他为他介绍了一位非常有名的职业咨询师。然后，他又做了一件超出了他职责范围的事情。他亲自与适合这位员工的公司经理联系，帮他预约面试。所以，面谈仅仅过了18天，这位员工就在另一家公司找到了非常有前途的工作。

我对这次辞退产生了极大的兴趣，就请约翰谈谈他的想法。他说道："我一直恪守一个古老的格言：我们领导一个人，就应该保护他。他根本就不适合这个工作岗位，所以我们一开始就不应该雇佣他。但是，既然我们已经雇佣了他，我们至少应该帮他再找一份工作吧！"

他继续说道："雇人容易。但检验一个人是否真正有领导力，要看他解雇员工时的表现。在一个员工离职前就帮他找好下家，会让部门的每一位员工有安全感。我就是用实实在在的例子告诉他们，只要有我在，没有人会被扔在大街上没人管。"

毫无疑问，约翰人性化的领导方式获得了回报。员工们从不在背后对他说三道四。员工们对他绝对忠诚和支持。因为他给了员工百分之百的安全感，所以，他在公司的地位非常稳固，不可动摇。

我和鲍勃15年前就是好朋友。现在，鲍勃快60岁了。他早年经历坎坷，没有受过正规的教育，也没有什么钱。1931年，他失业了。但是，鲍勃坚韧不拔，一刻也没闲着。他开始在车库里创业，销售室内装潢用品。因为他的不懈坚持与努力，当年的地下车库已经发展成为一家大型现代家具生产厂，员工超过300人。

现在，鲍勃是个百万富翁，再不用担心缺钱了。但是，在其他方面，他也同样富有。他的朋友很多，让他非常快乐知足。

鲍勃具有很多优秀品质，但乐于助人这点最为突出。鲍勃懂得以人为本，他非常擅长和别人相处，总让别人觉得自己备受尊重。

有一天，鲍勃和我讨论起如何批评别人。鲍勃批评人的方式非常人性化，简直可以作为标杆。他这样说："我敢肯定没人会说我软弱怯懦。我懂得经营。问题一出现，我总能立马解决。但是，如何解决问题很关键。如果员工们犯了错，或者做错了事，我会加倍小心，尽量不伤害他们的感情，不让他们觉得自己渺小，不让他们尴尬。我的方法有4步。

首先，我私下里告诉他们。

其次，我先表扬他们。

再次，我向他们指出怎样可以做得更好，并帮助他们找到改进的方法。

最后，我再次赞美他们的出色之处。

这个4步批评法很管用。他们很喜欢这种批评方式，还会心生感激。在他们走出办公室时，他们知道自己已经做得不错，但是，他们还可以做得更好。"

"我这一生都在和人打交道。"他说，"我对他们越好，我自己的福泽越多。这并非我的本意，可上天确实如此善待我。"

"让我给你举个例子吧。大概五六年前，有一天，一个生产工人醉醺醺地来上班。很快，就在车间里引起了一阵骚动。原来，他拿着一桶5加仑的油漆，把油漆洒得到处都是。其他工人把油漆从他手里夺走，车间主管把他带了出去。

我走出去，发现他坐在大楼外面，神情恍惚。我帮他站起来，把他扶到我车里，送回家。他的妻子慌了。我试图安慰她：不会有事的，一切都会好起来的。她说：'你不知道，鲍勃先生不容忍任何人喝醉了上班。吉姆肯定把饭碗丢了。我们该怎么办呀？'我告诉他吉姆没有被解雇。她问我怎么知道。我说我就是鲍勃先生。

听了我的话，她差点晕倒。我告诉她说，我会尽量在车间给吉姆讲情，请她尽量在家里劝慰他。一定要让他第二天早上按时上班。

回到工厂后，我去了吉姆的部门，对他的同事们说：'今天你们看到了不愉快的一幕。但是我希望你们把这些不愉快忘掉。吉姆明天还会回来上班。对他好点。他一直是个好员工。我们应该再给他一次机会。'

吉姆回来后，兢兢业业，埋头苦干，酗酒的毛病再没有犯过。很快我就把这件事忘了。但是，吉姆并没有忘记。两年前，当地工会总部派人来到公司，代表本地职工与公司谈判。他们提出了一些完全不切实际的要求，令我束手无策。一向安静、温顺的吉姆突然站了出来，成为工人中的领袖。他四处奔走，提醒工友们：鲍勃先生对我们一直很公平，我们不需要一个外人跑来指手画脚。

多亏了吉姆，这些外人走了，我们仍然像朋友一样签署了新的协议。"

有两种人性化的方法，可以帮你成为更好的领导者。第一，每次碰到有关他人的难题，要自问：该如何人性化地处理？

当下属不和，或者是员工惹了麻烦，要仔细思考这个问题。

还记得鲍勃是怎么帮别人改正错误的吗？不要冷嘲热讽，不要愤世嫉俗，不要灭别人的威风，不要连累别人。

要扪心自问：怎么处理才最人性化？以人为本，迟早会有回报。

第二种方法是要把人放在第一位，而且要通过行动表现出来。要关心下属在工作之外取得的成就。要尊重每一个人。要不断提醒自己，人生最重要的是享受生活。一般来说，你对一个人表现出的兴趣越高，他的产出就越高，就可以为你带来更大的成功。

只要有机会，就要替下属查缺补漏，就在上司面前表扬他们。美国一直以来有这样的传统，与小人物为善，会赢得尊重。你为下属查缺补漏，他们会心存感恩，对你更加忠诚。不要害怕你在上司心目中的地位不如以前。一个豁达谦逊的人，比故意吸引人眼球的人，更为自信。谦逊使人进步。

只要有机会，一定要称赞下属。称赞他们的团队精神和他们付出的努力。赞扬是你对他人的最大激励，而且没有任何成本。想想看，"选民的自主提名"甚至能将那些最有实力、最知名的候选人拉下马。你永远无法预测，你的下属什么时候会站在你这边，为你扭转局面。

练习赞扬他人。

批评人的方法要对。一定要以人为本。

○ 成功法则之三：要思考进步，相信进步，推动进步

人们对一个人的最高评价是"他代表着进步。他是最佳人选。"

各行各业都会把晋升的机会留给那些相信进步，并且不断推动进步的人。领导者，真正的领导者寥寥无几。而安于现状的人（那些认为事情已经很好，不必打破现状的人）远远多于追求进步的人（那些认为仍有很大的改进空间，希望不断进取的人）。加入领导精英的行列吧！要培养向前看的态度。

培养进取思维，可以从两个方面入手。

1.做任何事情，都要谋划不断改进。

2.做任何事情，都要以高标准来要求自己。

几个月前，一个中等规模的公司总裁请我帮他做一个重要决定。这位经理自己创办公司后，一直兼任营销经理一职。目前，公司聘用了7个销售员，他决定从中选拔1个做营销经理。他初步圈定了3个人，他们的营销经验和销售业绩相当。

我的任务是和每个候选人呆一天，观察他们，然后告诉总裁我认为哪位候选人最有资格领导整个团队。当然了，他们并不知道我此行的目的，还以为我是受邀和他们探讨营销项目的。

有两位候选人的表现基本一样。和我呆在一起，他们表现得处处不自在。他们好像觉得我此行的目的是为了改变现状。他们两个都是习惯于甘于现状的人。他们两个对公司的运营没有任何异议。我提了很多营销问题，比如，营销区域的划分、奖励方案、推广材料等。可不管我提什么问题，得到的答案都一样：现在就挺好的。他们二位还特意向我解释了维持现状的原因。其中一位在送我回宾馆的路上，特意叮嘱我："我不知道你干嘛要在我这呆一整天。请代我向总裁转达，现在一切都好，不必做任何调整。"

第三位则完全不同。他很高兴为公司服务，为公司的发展而自豪。但是，他觉得有不满意的地方，他想要改进。整整一天的时间，他都在告诉我该如何争取新的业务，如何为顾客提供更好的服务，如何减少时间浪费，如何修订奖励方案，如何更好地激励业务员，这样于公于私都有好处。他从未停止思考，而且绘出了一幅全新的广告项目蓝图。在我离开的时候，他说："我很高兴有这样的机会来分享我的想法。我们公司目前效益不错，但我坚信我们可以做得更好。"

毫无疑问，我推荐了第三个人，正好与公司总裁的感觉一样。原因恰恰是因为他相信可以扩大规模，提高效率；他相信新产品，新工艺，新想法；

他相信可以取得更大的成功。

相信进步，不断推动进步，你就可以成为领袖。

我年幼的时候，就有过亲身经历。我曾亲眼见证：受思维方式迥异的两个领导者（老师）的影响，追随者（学生）有截然不同的表现。

幼时，我在农村上小学，8个年级只有1位老师，40个孩子全都挤在四面砖墙里。每来一位新老师都会引起骚动，七、八年级的大孩子们会带头捣乱。

有一年，教室尤其混乱。每天都有10来次恶作剧，学生们打起纸团大战，到处扔纸飞机。有时候，学生们会把老师关在教室外面，一关就是大半天。有时候，又把老师堵在教室里面，几个小时不让出去。还有一天，一个高年级的学生竟然把狗带进了教室。

我必须得澄清一下：这些孩子并不是问题少年，偷盗、暴力、伤人都不是他们的本意。他们是一群健康的孩子，在农村长大，精力充沛，需要找到出口来释放他们被压抑的能量和智慧。

这个老师勉勉强强撑了一年。毫不奇怪，九月份他们又调来了一位新老师。

这位新老师则激发了学生截然不同的表现。她知道孩子们渴望自尊自爱，渴望赢得别人的尊重，所以，她鼓励他们要有判断力，要有主见。她为每个孩子布置了工作，比如擦黑板，清理板擦，或者为低年级学生批改试卷等。几个月前，这些孩子的能量没有得到正确的引导，这位新老师创造性地为孩子们找到了释放能量的出口。她教育孩子是从性格培养来下手的。

为什么孩子们头一年像一群小魔鬼，而第二年却像一群小天使呢？答案就在他们的领导者——老师身上。老实说，如果孩子们一整年都在搞恶作剧，根本就不能怪学生。是魔鬼，还是天使，都是老师定下的调子。

第一位老师打心眼里并不在乎学生有没有进步。她没有为学生设定目标，又不鼓励他们，也没能控制自己的脾气。她不喜欢教书，所以，学生们也不喜欢学习。

但第二位老师为孩子们设定了高标准，树立了正面榜样。她真心喜欢这些孩子们，想要看到他们有所成就。她重视每一位学生。她自己严守纪律，所以，很容易在学生中树立规矩。

学生们会以老师为榜样来调整自己的行为。

成人也一样，他们无时无刻不在调整自己的行为。在二战中，将领们发现，如果指挥官无精打采，懒洋洋的，很懒惰，那领导的部队肯定士气不高。只有那些高标准、严要求，公平合理地贯彻规章制度的指挥官才能带出最好的队伍。如果指挥官降低标准，肯定不会赢得士兵们的尊重和敬仰。

大学生也是这样，教授就是他们的榜样。有时候，某个教授教出的学生会集体逃课、抄袭、作弊，总之都不想好好学习，只想蒙混过关。但是，同样的一群学生，在另一位教授的教导下，却愿意努力学习这门课程。

在公司也一样。人们会模仿领导者的思维方式。仔细观察一群雇员。观察他们的行为、习惯、对公司的态度、道德感以及自控能力。然后和他们的上司做作比较，你会发现许多惊人的相似之处。

每年有很多不景气、走下坡路的公司重组。如何重组呢？往往是更换高层领导。公司（还有大学、教会、俱乐部、工会以及其他组织）都是自上而下重建，而不是自下而上重建。改变顶层的思维模式，你自然就可以改变底层的思维模式。

记住：一旦你开始管理某个组织，这个组织中的成员会立刻根据你设定的标准来调整行为。开头几周，这种调整最明显。在这几周，他们会努力搞清状况，弄明白你的期望，然后根据你的要求来校正自己的行为。他们会仔细观察你所走的每一步。他们会考虑：他将给我多大约束？他想要什么样的结果？他怎样才会满意？如果我这样那样做的话，他会怎么说？

一旦他们搞清状况，就会相应做出调整。

要不断反省自己在设立什么样的榜样。下面这四行诗虽古老，却是不变的真理。用这四行诗来指导你吧！

如果人人

都像我一样，

世界

将变成什么样？

为了更贴近生活，将世界二字换成公司，四行诗就变成：

如果人人

都像我一样，

公司

将变成什么样？

同样，扪心自问，如果人人都像我一样，俱乐部、社区、学校、教会将变成什么样？

你自己按照给下属设定的标准来思考、说话、行动、生活，他们也会以此标准来要求自己。

长期来看，下属们会模仿上司，最终成为和他们一样的人。要想下属们表现优异，最简单的办法就是确保领导者值得模仿。

"我是一个进取型的思考者吗？"自查表

1. 工作中我是否有进取心？

（1）在工作中，我的态度是不是"我怎么能够做得更好呢"？

（2）我是不是抓住一切机会来称赞公司、同事和产品呢？

（3）与6个月前相比，我是否提高了对工作成果的质量和数量的标准呢？

（4）我是否为下属、同事以及其他共事的人树立了优秀的榜样呢？

2. 在家庭生活中，我是否有进取心？

（1）我的家人比3个月或6个月前更快乐吗？

（2）我有计划来改善家人的生活水平吗？

（3）我的家人是否享受到了丰富多彩的户外活动？

（4）我为孩子树立了积极进取的好榜样了吗？

3. 我对个人成长是否有进取心？

（1）坦诚地说，我比3个月或6个月前更有价值吗？

（2）我是否在有计划地自我改进？我是否对别人更有价值？

（3）我是否设定了未来5年计划？

（4）我是否真诚地拥护所属的每个机构和组织？

4. 我对所在的社区是否有进取心？

（1）在过去6个月中，我是否采取行动改善了所属的社区（邻居、教会、学校）？

（2）我是否支持过有意义的社区项目，还是一味地反对、批评或抱怨？

（3）我是否带头改进所在的社区？

（4）我是否赞美过我的邻居和社区里的其他人？

○ 成功法则之四：花时间独立思考，培养超强的思维能力

我们总觉得领导们超级忙。没错，他们的确很忙，他们总有做不完的事情。但是，领导们会花很长时间独处，摒除杂念，独自思考，人们经常会忽略掉这点，而这一点值得我们注意。

看看那些伟大的宗教领袖的生活，我们会发现，他们每个人都曾花大量时间独处。摩西经常长时间独处。耶稣、释迦摩尼、孔子、穆罕默德、甘地，所有宗教领袖、精神领袖都无一例外。在历史长河中，每位宗教领袖都曾远离凡尘俗世，独自修行。

政治领袖也一样。那些或者声名远扬，或者臭名昭著的政治领袖，都是在独处中培养了自己敏锐的洞察力。罹患小儿麻痹症的富兰克林·罗斯福经历了长期的恢复过程，如果他没有利用这段时间独立思考，那他是否仍有如此不同寻常的领导能力呢？这个假设很有意思，值得探究。哈里·楚门从孩提时代起，独自一人在密苏里农场度过了很长时间。一直到成年后，他依然保持了这个独处的习惯。

如果希特勒没有那几个月的牢狱之灾，那他很可能登不上政治舞台，也不可能写出《我的奋斗》，没有那绝顶聪明又万分邪恶的征服世界的计划，也不可能将德国人带入蒙昧与黑暗。可见独处也要注意培养正向的思维能力，做有益社会之人，而不让思路跑偏，害人害己。

很多共产主义领袖，如列宁、斯大林、马克思等，都极具外交才能，就是因为他们坐过牢，在牢中，他们可以不受任何干扰，集中精力制定行动计划。

世界一流大学要求教授每周最多上5学时的课，为的就是保证他们有时

间思考。

很多杰出的商人被助手、秘书、电话、报告所包围，每天忙得团团转。但是，如果你连续追踪他们一周，也就是168个小时，或者是追踪他们一个月，也就是720小时，你会发现，他们把大块时间花在独处上，不受任何打扰地思考。

关键在于，各行各业的成功人士都会抽时间与自己对话。领导者利用独处的时间，理清思绪，发现问题的症结，找出解决办法，精心计划未来。总之，他们利用独处的时间来思考。

许多人善于待人接物，注重听取他人的意见和想法，却独独不愿意面对自己，与自己对话，所以他们没能将自己创造性的领导力发挥出来。你肯定认识这种人。他们尽一切可能避免独处。他不想一个人呆在办公室，喜欢被别人前呼后拥，所以他总爱四处乱窜，往人群里钻。在夜里，他也很少自己一个人呆着。只要醒着，他就想找人陪伴。一提闲言碎语，他就来劲。

如果他不得不自己一个人呆着，他肯定会想方设法让自己的思想为其他事物占据，比如看看电视，听听广播，读读报纸，打打电话，总之，他就是不想让自己有时间思考。他好像在对自己说："嘿，电视先生，报纸先生，把我的思想占据吧。我害怕思考。"

这位先生耐不住寂寞，逃避独立思考。他打心眼里害怕自己的思想，所以，总不让大脑运转。随着时间的流逝，他越来越肤浅。在行动时，往往考虑不周。他没有坚定的目标，个性不稳定。很不幸的是，他根本没有意识到，其实他的大脑里蕴藏着巨大的能量，尚待开发。

千万不要成为这样的人。独处，将成功领导者的超级能量激发了出来。你也可以。

接下来，让我们来看看怎么做。

独处就是我做的职业发展培训项目中的一个。我要求13个学员每天把自己关一个小时，连续关两周。我要求他们把自己与外界完全隔绝，不受任何干扰。想什么都行，只要进行建设性的思考就行。

两周后，无一例外，学员们都觉得这两周超级实用，非常有价值。其中一位学员说，在他做这个练习之前，他正准备和公司另一位执行官决裂，但通过清晰的思考，他找到了问题的根源，也想到了解决之道。而其他人也说他们通过独处思考，解决了各式各样的问题，例如换工作、婚姻问题、买房、为孩子选择大学等。

每一位学员都兴致勃勃地说，比以前更加了解自己的优势和劣势。

学员们还有一个神奇的发现：在专门独处思考期间所做出的观察和决定百分之百正确，绝无例外。他们发现，迷雾消散后，正确的选择浮出了水面，清晰可见。

专门独处思考吧！你一定会收到回报。

最近，我的一位朋友深受一件麻烦事的困扰，有一天，她突然彻底改变了自己的态度。我很好奇，想知道为什么。这件麻烦事关乎根本的利益，她怎么会突然改变态度呢？她回答说："一直以来，我都不清楚该怎么做。所以今天早上我三点半就起床，冲了一杯咖啡，静静地坐在沙发上，一直想到早上七点。现在，我对整件事有了更为清晰的认识。我知道，我唯一的选择就是改变我的观点。"

事实证明，她做对了。

现在就下定决心，每天抽出一定的时间（至少半个小时）来独处吧！

可能，在其他人还没有起床时独处最好。深夜或许是个更好的选择。

最重要的是，在这段时间，你的思维必须清晰，而且，你可以不受任何干扰。

利用这段时间，你可以进行两种类型的思考。一种是有目标的思考，另外一种是没有目标的思考。有目标的思考是指你对目前所面临的主要问题进行思考。在独处的时候，你能更加客观地探究，找出问题的答案。

进行没有目标的思考，是指让你的思想不受限制地自由驰骋。这时候，你的潜意识会打开记忆库，从中选择丰富的思考材料。无目标思考会促使你思考一些根本问题，有助于自我评估。例如，怎么才能精益求精？我的下一步计划是什么？

记住，领导的主要任务是思考。思考，也是为成为领导者所做的最好的准备。每天花一些时间独处吧！只有不断思考，才能取得成功。

快速小结

如果你想成为一个高效的领导者，请运用这些原则吧！

1. 设身处地地为对方着想。要影响别人，就要站在对方的角度看待问题。只有这样，你才能让他们按照你的想法来做事情。采取行动前，要先反思："如果是我，我会如何看待这件事情？"

2. 和其他人打交道，一定要以人为本。一定要先问问自己："怎么可以人性化地处理这件事情？"无论做什么，都要把人放在第一位。己所不欲，勿施于人。这样做，最终定会得到回报。

3. 思考进步，相信进步，推动进步。要时刻思考，不断改进。下属常常会模仿领导的做法。所以，要时刻以高标准严格要求自己。要为下属做好榜样。要下定决心："不管是在家里，在工作中，还是在社区，我永远支持进步，永远追求进步。"

4. 花时间与自己对话，最大程度地开发思考能力。在独处中思考，必将带来丰厚的回报。在独处中释放创造力。不管是遇到个人问题，还是工作问题，都可以在独处中找到解决的办法。每天花一些时间来独处、思考。正如那些伟大人物一样，要与自己对话。

The MAGIC
of Thinking Big

结 语

大思想具有神奇的力量，但却经常被人们忽略。当你在生活中遇到挫折，思维很可能变得狭隘，你有可能成为人生输家。

下面是一些**行动指南**。当你思想狭促时，这些行动指南可以帮你拓展思想的广度。或许，你可以把这些行动指南做成小卡片，随身携带，随时参考。

一、当卑鄙小人企图打击你时，要保持大思想。

这个世界上总有一些卑鄙小人，他们希望看到你惨败，看到你遭遇不幸，看到你被人责骂。没关系，只要你记住下面这三点，这些人就伤害不了你。

1. 不和小人争斗也是一种胜利。和小人争斗只会把你拉到他们那个水平，所以不要和他们计较。

2. 一定要明白，只要是人，总会被说三道四，被人议论说明你已经长大了。

3. 提醒自己，那些喜欢闲言碎语的人心理有恙。要大度，要同情他们。要保持思维的广度，不要理会那些卑鄙小人的攻击。

二、觉得"自己不够格"的时候，要保持大思想。

一定要记住：如果你认为自己很软弱，你就真的很软弱；如果你认为自己不够格，你就真的不够格；如果你认为自己是二等公民，那你就真的成了二等公民。

千万不要低估自己。

1. 让自己看起来重要，就会觉得自己重要。在很大程度上，外在形象决定了一个人的内在感觉。

2. 专注于自己拥有的东西。设计一个自我推销广告。不断向自己推销自己。学会给自己充电。要看到自己的优秀品质。

3. 以恰当视角看待别人。别人也是人，为什么要怕他呢？

4. 要敢想，要发现自己的潜质。

三、当争执或争吵不可避免时，要想开一些。 要经得起诱惑，尽量避免争执和争吵。可以这样做：

1. 要问问自己："坦率地说，这件事情真的那么重要？真的值得去争执吗？"

2. 要提醒自己，争执无所谓输赢，争执各方都是输家。

3. 想得大气一点。一定要明白，想通过争执、冲突、摩擦解决问题，绝对不可能。

四、大思想者应以下面的方式看待挫折。 当你觉得自己被击败时，要想得长远一点。要到达成功的彼岸，不经历艰难困苦和失败挫折是不可能的。然而，这些经历却可能成为你终身的财富，让你终身受益。

1. 将挫折看成是教训。研究挫折，从挫折中学习，让挫折推动你前进。每一次挫折，都要有所收获。

2. 将坚韧不拔的毅力和不断尝试结合起来。必要时，后退一步，以全新的方式重新开始。

想得深刻一点。要明白，失败其实是一种思维状态，仅此而已。

五、当爱情的浪漫渐渐褪去，要想大度一点。"他/她对我不公平，所以我要以牙还牙"这样的想法极其消极，会将浪漫彻底掩埋，给你的爱情当头一棒。若爱情生活不顺，可以做下面这两件事情。

1. 相信爱你的人具有优秀品质。将其他微不足道的小事放在其次（不要鸡蛋里挑骨头，过分敏感）。

2. 经常为伴侣做一些特别的事情。

想得大气一点，格局大一点，你就会发现婚姻快乐的秘诀。

六、当你感觉到工作进展放慢时，要想开一点。不管你做什么，不管你身处何职，要想坐上更高的位置，赚取更多的薪水，只能增加你的产量和质量。可以这样做：

1. 想着我能不断改进。没有最好，只有更好，任何事情都有改进的空间。在这个世界上，还没有完美的事情。你这样想，就能找到改善的方法。

2. 想着我能做得更好，就能激发你的创造力。

3. 想得智慧一点，要看到，当你把服务放在第一位，金钱会不请自来。智者普伯里尤斯西鲁斯说，智者是他思想的主人，愚者是他思想的仆人。